TENGO QUE SER

PERFECTO

De todos modos…¿Cuál es el problema?
En realidad… ¿Cuál es el daño?
Ahora ¿Cuál es la solución…sinceramente

Timothy L. Sanford, M.A.

Tengo que ser perfecto

(y otras herejías de la casa pastoral)

Titulo en inglés "I Have To Be Perfect"

Timothy L. Sanford, M.A.

Traducido por el personal de RDM

Impreso en Estados Unidos

Cubierta diseñada por Adam Weatherly

Esto es una producción de SLC

SLC
SERVICIO DE
LITERATURA CRISTIANA

Apartado 0818-00792
Ciudad de Panamá, PANAMÁ
ISBN: 9781633680258

Agradecimientos

Estos son sólo algunos de los individuos que merecen parte del crédito, o la culpa, por este libro. Ellos me apoyaron, me alentaron, editaron, corrigieron la ortografía, me revivieron (¡sí, a mí!), me empujaron, me sugirieron, me criticaron, me refirieron, me aconsejaron, empacaron, rotularon, enviaron por correo y me animaron. Sin ellos hubiera tenido más tiempo en las montañas, pero tú no tendrías este libro en tus manos.

Max Andres (ministro)

Stephen Bransford (hijo de predicadores)

David (hijo de misioneros) y Sandra Gatewood (misioneros y ministro)

Chonda Pierce (hija de predicadores)

Ruth Van Reken (hija de misioneros y misionera)

Grace Saenz (amiga)

Becky Sanford (casada con un hijo de misioneros, ¡yo!)

David (hijo de predicadores) y Karene Sanford (misioneros)

Heidi Sanford (hija de un hijo de misioneros)

Terryll Sanford (hija de un hijo de misioneros)

Los muchos amigos/clientes hijos de misioneros y de predicadores que no puedo nombrar por razones confidenciales.

Gracias

Tengo que ser perfecto

Índice

Prefacio

Soy comediante. Sí, de verdad, lo soy. Siempre he dicho que si creces siendo la hija de un predicador sureño sentada en la segunda fila, entonces probablemente, nueve de diez veces, llegas a ser o esposa de predicador o comediante.

¡Yo soy comediante!

Criada en la jungla de vidriera, he tenido algunas experiencias graciosísimas, como la vez que un evangelista invitado se quedó en mi cuarto por una semana y yo fui caminado dormida y acabé en la cama equivocada. Tenía solamente cuatro años en ese entonces y en realidad no creo que hubiera sido un problema tan grande, excepto que se suponía que yo iba camino al baño.

¿Cosas graciosas? Para mí, haber crecido en la casa pastoral fue algo lleno de cosas graciosas. Sin embargo, al mismo tiempo hay cosas que sucedieron que no fueron tan graciosas, pero la cosa es que no se espera que hablemos de esos tiempos. ¿No es así?

Pero Tim Sanford aparece y no sólo nos permite hablar de algunos de los días no tan divertidos, sino que además nos anima a hacerlo. ¡Asombroso! Porque a partir de este llamado a la sinceridad, he visto sanidad en la vida de hijos adultos de predicadores que, por años, simplemente han anhelado ser oídos.

La primera vez que oí a Tim Sanford fue en Nashville, Tennessee en una Conferencia para Hijos Adultos de Predicadores, de la que fui la anfitriona. Por años él ha trabajado como consejero profesional, pero en la conferencia pudo compartir conmigo y con otras personas una cantidad abundante de conocimiento, sabiduría e intuición entregada desde el punto de vista particular de un hijo de predicador ¡porque él es uno de nosotros! Tim y yo rápidamente nos hicimos buenos amigos. Yo le enseñé un par de chistes y él me enseñó cómo vencer algunos de los conceptos erróneos que tenía acerca de Dios y su iglesia.

Así que si tú eres un hijo de predicador buscando respuestas, o un pastor buscando recursos para dirigir a tu familia- o aun un curioso laico preguntándose qué es lo que nos motiva- entonces este libro abrirá tu corazón y tu mente hacia una sanidad en Cristo Jesús. Y después, quién sabe, ¡hasta puedes llegar a ser comediante! ¡O esposa de predicador!

Chonda Pierce

Comediante/Artista de grabación

Nashville, Tennessee

Introducción

Alguien me preguntó una vez cómo era ser hijo de misioneros. A mala hora , porque me encontraron en uno de mis momentos más sarcásticos. Por cierto, ¡el sarcasmo es el segundo (o tercer) idioma de los hijos de predicadores o de misioneros! Les dije que ser hijo de misionero era/es como ser una rata blanca de laboratorio; todos te observan, se entremeten contigo, te ponen a prueba, te miden, te investigan, pero nadie quiere meterse a la caja y ser tu amigo. Nadie está dispuesto a ver el mundo desde tu punto de vista. Nadie está dispuesto a tocar el mundo que tú tocas, o al menos a oírte describirlo. Bueno, yo ya estoy en la caja, ¿te gustaría acompañarme ?

No estoy escribiendo acerca de HP (hijos de predicadores). Estoy escribiendo a los HP. A ti. Este no es un libro para ayudar a otros a entenderte a ti mejor. Es un libro para ayudarte a ti mismo a entenderte mejor, o quizá por primera vez.

"¡Un nuevo concepto!", probablemente estás pensando. "¿Tú quieres decir, poner atención a mis necesidades y a lo que me hace respirar? ¿Estás seguro de que esto es bíblico?"

Te lo aseguro, lo es.

He estado codeándome con HP (hijos de pastores) y HM (hijos de misioneros) toda mi vida. ¡De alguna manera, conozco muy bien a casi la mitad de los HP o HM del mundo ! Mi papá es un HP, lo cual hace HP a sus seis hermanos y una hermana. Mi abuela comenzó su carrera misionera después de ser viuda por quince años, a la edad de setenta años. Cuatro de mis tíos fueron misioneros o predicadores, lo que hace a todos sus hijos, mis primos, HP/HM. Muchos de mis primos se han casado con HP/HM. (¡La mezcla progénita es común entre la población de ratas HP/HM!). Aún algunos de mis primos han terminado en el ministerio. ¡Quién sabe, a lo mejor soy pariente tuyo!

Durante los últimos años he estado trabajando con HP y familias ministeriales como consejero profesional licenciado. Conforme he oído historia tras historia, he notado muchos temas comunes y patrones de pensamiento similares entre los HP/HM. Al ver mi propia vida, para gran sorpresa mía algunos de esos mismos patrones de pensamiento levantaron su horrible cabeza en mi mente. Yo pensaba que mi vida estaba "bien". Tengo buenos recuerdos de mis años de crecimiento. Mi papá es mi mejor amigo hasta el día de hoy. Yo supuse entonces que mis patrones de pensamiento eran normales, que yo estaba mentalmente sano. No del todo. No obstante, mi amigo íntimo, David Gatewood, hijo de misioneros, dice que mi experiencia no vale. Él dice que fue muy equilibrada y muy sana para ser una "experiencia normal de HP/HM". Después de oír de otros HP, le creo; una triste conclusión a la que llegué. Aún así, entre todas mis experiencias positivas, incluso una buena relación con mis padres, yo sufrí daño por crecer en un ambiente ministerial. Hay esos "peligros ocupacionales" que vienen cuando los padres están en el ministerio.

Mi visión simplista ha cambiado. Ahora veo el daño que dejó profundamente en mi mente. Recuerdo leer libros acerca de lo que es vivir en una "casa de vidrio ". Eso estaba bien, pero no me ayudó a desenmarañar mi pensamiento. Me encontré diciendo: "¿Y ahora qué?"

Este libro trata con el "¿Qué?", con el " Y qué?" y con el "¿Y ahora qué?" Quiero ayudar a destapar las conclusiones a las que tú llegaste durante esos años en el laboratorio de ratas, dentro de la casa de cristales. Quiero mirar específicamente las conclusiones a las que llegaste acerca de ti mismo, del mundo y de Dios.

Una de las cosas más profundas que recuerdo de todos mis cursos de psicología es el truismo: "Donde quiera que vayas, ahí estarás". Créeme, es doctrinalmente correcto. Lo corroboré. Puedes estar muy lejos de la casa pastoral ahora, pudiste haber olvidado las experiencias hace mucho tiempo, pero las conclusiones a las que llegaste en tu mente todavía están contigo hoy, sea que te des cuenta o no. Y muchos de nosotros no nos damos cuenta . Donde quiera que vayas, llevas tu mente contigo(al menos eso espero yo). Usas tu mente para interpretar los sucesos diarios filtrándolos por las conclusiones a las que llegaste hace muchos años.

Leer acerca de los patrones de la mente, de las creencias, de las conclusiones y de los pensamientos, pronto puede llegar a ser muy confuso. Déjame tratar de simplificar el hecho mediante el uso de una imagen de palabras. Yo pienso en imágenes de todas maneras, así que esto me da resultado a mí. No vas a encontrar esto en ningún libro de texto de psicología, pero sí es verdad. Imagina tu mente como un tocadiscos. Un tocadiscos de verdad. Uno de esos tocadiscos antiguos con discos de vinilo de 45 y un panel con botones, cada uno correspondiente a un solo éxito específico. Puedes ver el disco caer en la almohadilla, el brazo balancearse por encima y la aguja deslizarse por las ranuras, en el momento en que empieza a tocar tu selección. Algunos de nosotros podemos recordar cuando esos no eran llamados "¡antigüedades!" A eso se parece tu mente. Cada disco tiene grabado un sonido de una simple y corta frase conocida como una creencia. Una creencia es una declaración de lo que tú túcrees ser un hecho, una conclusión con respecto a la circunstancia que se te presenta y a la que te aferras. La mayoría de las creencias fueron grabadas, catalogadas y archivadas en tu tocadiscos durante los primeros siete a nueve años de tu vida. ¿Captas la ilustración?

Las creencias religiosas son en lo que tú por lo regular

piensas primero cuando oyes la palabra creencia. En realidad, tú tienes creencias acerca de todos los temas bajo el sol. Usas esas creencias todos los días cuando intentas darle sentido a la vida. ¡Es tu cosmovisión, por decirlo así, en un montón de discos de vinilo de 45! Se desarrolla así:

Una nueva experiencia sucede a un conjunto de experiencias similares.

Tú intentas entender la situación de la mejor manera posible.

Tú llegas a una conclusión, según tu experiencia, acerca de lo que es y de ese modo te preguntas si será verdad.

Una grabación de la conclusión se convierte en una declaración de las creencias y es archivada en tu tocadiscos. El nuevo disco es pulido, catalogado y preparado para referencias futuras.

Ahora, cada vez que sucede una situación similar, el disco toca y tú respondes conforme debe ser.

Todos nosotros tenemos un disco que probablemente suena igual. Es uno que dice: "Todos mis discos, mis creencias, son verdad. ¡Hasta los puedo validar con experiencias de la vida real!" También he notado que somos muy defensores de nuestro conjunto de discos. Si tú no estás de acuerdo conmigo, mis defensas comienzan a gritar (al menos en mi cabeza, si no en alta voz): "¿Acaso crees que soy estúpido? ¡Yo no creería una mentira! Te digo que yo también tengo inteligencia. ¡Yo sé lo que es correcto y cierto y puedo respaldarlo con experiencias!"

Si estás dispuesto a ir más allá de tu postura defensiva que surge por acto reflejo, verás que algunos de tus discos están un poco torcidos. Las conclusiones a las que tú llegaste cuando eras niño pueden haberse basado en información incompleta. Las creencias por las que vives y mueres pueden no ser totalmente correctas. Pueden haber parecido correctas en ese momento, y pueden haber sido parcial o totalmente ciertas en aquél entonces. Pero ahora no lo son; no cuando son comparadas con la enorme esfera de la realidad. Pero los discos permanecen en las ranuras de tu tocadiscos, torcidos e incorrectos, esperando aún hoy ser activados con el toque de un botón. Cuando uno de tus discos, que no son tan correctos, es activado y toca, suena gracioso para todos los demás, menos para ti. Para ti suena cierto, aún hoy. La mayoría de nosotros nunca nos detenemos lo suficiente para cuestionarnos si nuestras creencias son correctas o no. Simplemente creemos que lo son. Estoy seguro de que mi teoría del tocadiscos fue lo que estimuló la frase: "¡Hombre, tú tienes la mente torcida!" No puedo probarlo, pero tomaré el crédito por ello de todas maneras.

Este libro es una colección de cómo suenan algunos de esos discos torcidos. Discos que he oído tocar una y otra vez por HP a lo largo del país. Yo los llamo herejías santas de la casa pastoral, porque eso es exactamente lo que son. Quizás detectaste un poco de sarcasmo aquí, pero también sé la verdad de ese viejo dicho chino: "Muchas verdades son dichas en broma". Las buenas noticias son que los discos torcidos pueden ser enderezados o reemplazados. Las malas noticias son que se requiere una sincera introspección para encontrarlos. Es mi esperanza que analices seriamente los discos en tu tocadiscos para ver si alguno de ellos está torcido. Espero que tomes tiempo para cuestionar las conclusiones a las que llegaste subconscientemente hace mucho tiempo. Puede que algunas de ellas necesiten ser actualizadas y cambiadas. Espero que tú veas si tienes alguna herejía santa flotando alrededor de tu pura e inocente mente de hijo de predicador. Además, ¡tu tocadiscos probablemente necesita una buena limpieza de todos modos ! Los tocadiscos limpios suenan mejor. Las mentes limpias piensan mejor. Esto suena verdaderamente terapéutico, ¿verdad ?

Siempre que alguien empieza a hablar de predicadores o líderes ministeriales de cualquier clase, primero debe pasar por una serie de negadores. Después de todo, hablar negativamente de un pastor es lo mismo que desacreditar a Dios mismo, ¿no?

Tú sabes a lo que me refiero, todas las cosas del tipo de "lo que no estoy diciendo". No podemos pisar los pies de nadie, ¿verdad?

Así que, para poder ser religiosa y políticamente correctos y doctrinalmente puros, aquí están los negadores necesarios:

1) No estoy aquí para destruir a predicadores, líderes de iglesia ni oficiales denominacionales. Sí estoy aquí para intentar ayudarte a ti a examinar profunda y verdaderamente tu propia vida y tus experiencias. (Repite la primera línea otra vez).

2) No estoy dándote una excusa para que culpes a nadie por tus propias elecciones y acciones.

3) No estoy aquí para poner una cubierta dulce en las cosas ni para barnizar los asuntos reales. Algunas veces la verdad de hecho duele. Esta no es una clase de escuela dominical ni un ensayo del coro. Los hijos de predicadores están acostumbrados a fingir; estamos acostumbrados a encubrir y a lucir "bien". Tanto que a menudo comenzamos a creerlo nosotros mismos, bueno, no aquí.

4) No estoy suponiendo que todas las familias pastorales están chifladas y arruinadas. No estoy suponiendo que todos los HP son casos desahuciados o "de mente torcida". Tampoco estoy suponiendo que todo estuvo bien en el pórtico de la casa pastoral.

Eso prácticamente lo abarca todo. Al menos para la introducción.

ADVERTENCIA para ustedes (líderes de las iglesias, padres, profesionales o cónyuges) que quieren entender mejor a los HP: Es difícil verdaderamente entender el mundo de los HP a menos que usted sea uno de ellos. Es diferente entrar al ministerio siendo adulto que siendo niño con padres en el ministerio. Como ministro, uno escoge el ministerio; los hijos no tienen opción. Como pastor, usted tiene la capacidad para hacer frente y lidiar con los riesgos ocupacionales del ministerio; sus hijos solamente tienen capacidades y destrezas al nivel de un niño.

Si usted trabaja con HP en un ambiente laico o profesional, escuche primero, atráigalos, trate de aprender en lugar de enseñar, luego escuche un poco más. Entérese de sus propias tendencias a estereotipar encubiertamente. Usted no conoce nuestro mundo, así que no pretenda conocerlo. Si está casado con uno, ¡que el cielo le ayude!

ADVERTENCIA NÚMERO DOS para el que quiere comprender mejor a un HM: los HM son aún más complicados de comprender y trabajar con ellos. A menos que haya sido criado como un HTC (hijo de una tercera cultura) usted no lo comprenderá. Esta no es una afirmación pretenciosa, es sólo una verdad. Otra vez, ser misionero no es lo mismo que ser HM.

Para ustedes, los profesionales de la salud mental: La consejería intercultural es una especialidad. No intenten encajar al HTC en su existente marco teórico. No va a dar resultado .

Lo que ustedes creen que puede ser disfuncional puede ser un asunto de su propia percepción cultural.

NOTA: En lugar de constantemente usar HP/HM a lo largo del libro, he decidido solamente usar HP. El contenido se aplica igualmente a ambos grupos. Por cuanto un HM tiene que lidiar con la adicional dinámica de la cultura, a menudo ocupa el centro de atención. Es tiempo de poner los asuntos culturales en la parrilla de atrás por un rato y examinar otros asuntos que también impactan a los hijos de misioneros.

He abarcado todas las formalidades necesarias, así que si todavía estás conmigo, continuemos. ¡Las ratas se están inquietando!

Parte 1

De todos modos…
¿Cuál es el problema?

Rompiendo el silencio

ADVERTENCIA: Si tú eres como yo y tiendes a saltarte la introducción de un libro, ¡no lo hagas! Regresa y léela. Ésta establece las bases para entender todo lo que sigue. En serio.

UNA MIRADA ADENTRO

Una de las palabras más difíciles de decir para muchos HP es la pequeña y simple palabra…Y

- ¿Cuántas veces hubiera sido de ayuda, aún correcto para ti, decir "y"?

- Hubo tiempos buenos…y…hubo tiempos difíciles.

- Papá fue un buen padre…y…cometió algunos errores también.

- Estoy orgulloso de nuestra agencia misionera… y…ellos han hecho algunas malas elecciones a lo largo del tiempo.

Y… una poderosa y a menudo sincera palabra. ¿No existió:

- lo bueno con lo malo?

- lo divertido mezclado con lo triste?

- las cosas hechas bien, con las cosas hechas mal?

- lo piadoso con lo egoísta?

Hace muchos años yo estaba hablando en un taller auspiciado por algunas iglesias aquí en Colorado Springs. En uno de los descansos, se me acercó una mujer en sus treinta años. No recuerdo su nombre, así que me referiré a ella como Julia. Los oídos se le habían reanimado cuando compartí algunas de mis experiencias en Suramérica. Una HM de segunda generación de un lugar del lejano Este (no puedo recordar esta parte tampoco) que ahora está casada con un pastor, Julia parecía estar lista para explotar. Tenía hambre emocional de una oportunidad para decir a alguien la simple palabra "y" sin ser catalogada ni reprendida. Ella no odiaba la agencia mi-sionera ni a sus padres por el hecho de ser HM. Era muy leal a todas esas cosas. Pero ella simplemente quería la libertad de decir que hubo tiempos dolorosos también, que la misión no siempre fue perfecta en su toma de decisiones. Pero no podía. La misión no toleraría tal cosa, extraoficialmente, por supuesto. (Examinaremos con más profundidad este fenómeno en el capítulo diez). Conforme platicábamos, Julia compartió experiencia tras experiencia, contenta de tener un lugar seguro donde decir la verdad. Ella no necesitaba terapia. Ella necesitaba la libertad de verbalizar "y".

"Y" exige que seas sincero, al menos contigo mismo. Muchos de los HP con los que he platicado han sido entrenados para "ser indulgentes con las faltas de los débiles" y para "pensar (solamente) en las cosas" que son "amorosas... admirables" o "loables". Estas afirmaciones pueden sonar espirituales, pero son incompletas en y de sí mismas. Estoy seguro de que los fariseos pensaban que ellos sonaban espirituales y rectos también cuando ostentaban una parte de la ley y descuidaban otras partes. Si tú quieres creer estas medias verdades, adelante. Estoy seguro de que Dios pensará que es perfectamente santo que pases por alto las dos gotas de arsénico en el champán para poder concentrarte en las bonitas burbujas.

La mayoría de los HP que yo conozco nunca terminaron en la unidad de psiquiatría de un hospital ni detrás de las barras de la prisión, aunque he platicado con algunos en ambos lugares. Pero sólo porque tú no has pasado tiempo en ninguna de estas instituciones, no significa que automáticamente tienes un certificado de buena salud. Los HP nos adaptamos muy bien. Tenemos que hacerlo. Tal vez habrás aprendido a adaptarte tan bien que todo el mundo te ve como normal porque te comportas como normal. No obstante, detrás de la adaptación, podrías estar escondiendo un mundo de heridas, dolor, confusión, ansiedad y pensamientos torcidos. Adaptarte te ha servido para sobrevivir, pero no es sinónimo de buena salud mental ni emocional.

La sinceridad es más difícil fuera del escenario. Es un acto de balancear, nunca o esto o lo otro. Algunas de las reglas de la casa pastoral suenan muy parecidas a las reglas de la casa de un "pagano borracho". "No pienses", en serio . "No sientas", pretende. "No hables", secretos de familia, tú sabes. Antes que pienses que esa no era tu casa, deténte y déjalo remojar. Puede ser más cierto de lo que quieres admitir.

"Y" es una palabra totalmente importante que puede cambiar drásticamente el tono de una oración. El "y" en la oración para una niña adolescente que se sentó en mi oficina con un gran moretón debajo del ojo derecho fue algo así :

"Mi papá (pastor de jóvenes) estaba en la iglesia el domingo pasado diciendo cuánto le gustan los niños

…y…

la noche anterior me pegó y me dejó el ojo morado".

¡Yo le vi el ojo morado! Su mamá confirmó la historia. Algunas veces "y" puede serenar una conversación muy fácilmente. Pero muy a menudo, el "y" no se dice. "Y" te permite romper el código de silencio para finalmente decir los secretos que realmente necesitan ser dichos. No me importa cuánto el papá de esta niña diga que ama a los niños, ¡así no es como se trata a un niño, nunca, nunca! Me es difícil creer las palabras cuando los puños dicen algo diferente. En este caso, los puños del papá pastor hablaron mucho más fuerte que hasta el mejor de sus sermones dominicales.

DEFINICIONES: Secretos de familia. Secreto es cuando los que necesitan saber, no lo saben. Confidencialidad es cuando los que necesitan saber lo saben; los que no, no lo saben. Los secretos necesitan ser rotos. Sinceramente. Busca a alguien que sea confiable. Toma el riesgo lentamente, pero tómalo. Esa persona puede ser un padre, un hermano, un cónyuge, un amigo de confianza. Puede ser necesario que sea un profesional. Lo que sea necesario, los secretos deben ser compartidos. Sinceramente.

Cuidadosamente piensa de nuevo en lo que estoy diciendo. Podrías terminar como el HP que llamó y dijo que tenía una carta lista para enviarme que empezaba: "¡Gracias por arruinar mi vida!" Él continuó diciendo que también él creía que todo estaba bien y maravilloso en su experiencia como HP. No fue abusado, no quedó huérfano y nunca terminó en una pandilla. Todo estaba bien (por no mencionar la historia de depresión y duda de sí mismo), hasta que comenzó a ver bajo la superficie. Se había convertido en un adaptador profesional, un fingidor profesional. Al comenzar a ser sincero consigo mismo, por primera vez en su vida, se dio cuenta de que muchas de las herejías santas se habían deslizado en su pensamiento y habían hecho estragos en su vida. Estaba aplastado al principio. Terminó la conversación diciéndome que estaba contento por la sacudida y por la oportunidad de mirar más profundamente. Después de ver las cosas claramente, él pudo comenzar a trabajar en los asuntos que lo habían mantenido prisionero todos esos años. Él había comenzado su búsqueda de la libertad.

Conforme sigas leyendo, te preguntarás si he conocido a algunos HP que están bien. Sí, ¡he conocido a los tres! No, de verdad, muchos HP que he conocido están sanos y bien. Estoy enfocando tu atención en la afirmación cuchicheada después del "y" a propósito, porque estas son las palabras que se pasan por alto o que son silenciadas. Estas palabras guardan el dolor, las heridas, la decepción con los que tú pudiste haber vivido toda tu vida. Son estas palabras, cuando son tapadas o silenciadas, las que traen aislamiento, amargura, depresión y/o enojo.

Sólo porque todo no fue bueno no significa que todo, por lo tanto, fue malo. Enfrentar las cosas difíciles, las cosas dolorosas, las cosas malas o las cosas decepcionantes que has experimentado no nulifica lo positivo, lo divertido, lo disfrutado ni las experiencias nutrientes. Aquí, de nuevo, peleamos contra la tendencia a ver la experiencia de los HP y este libro, con la mentalidad de y/o. Tenemos que pelear para mantener el "y" en la oración, ¡aún cuando estemos hablando entre nosotros!

Ya que tu experiencia como HP haya sido 95 por ciento sana y 5 por ciento problemática, u 80 por ciento infernal y 20 por ciento celestial, está dispuesto a darte a ti mismo y a tu modo de pensar una mirada profunda, sincera . El "y" es verdad; existieron ambas cosas en todas nuestras familias y experiencias. Yo he visto las heridas, el enojo y la pérdida en suficientes ojos a lo largo de los años. No quiero que tú seas otra víctima en silencio. Lee este libro lenta y minuciosamente. Toma lo que aplica y desecha lo que no aplica. Podría ser una buena idea llevar un diario mientras lees. Escribe lo que te venga a la mente. Incluye también tus conversaciones con Dios acerca del asunto (suponiendo que ustedes dos todavía se hablan). Esfuérzate por ser genuino y sincero. Ve cuánto concuerdan las páginas del diario con lo que está sucediendo entre tus oídos . Revisa el apéndice titulado "Ideas para mantener un diario".

A veces la verdad duele. Si es necesario, deja que así sea.

2 LAS FUERZAS QUE TE IMPACTAN

Cuando la mayoría de las personas piensan en sistemas de creencias o me oyen hablar de herejías santas, automáticamente dan por sentado que habrá un ataque total contra la familia. Después de todo, ¿no aprendimos todo, bueno o malo, en el ambiente de nuestra casa? Casi, pero no todo. A los padres se les imputa mucha culpa, con y sin razón, y también hay muchos que se sientan en los bancos de la iglesia esperando algún jugoso bocado de chisme acerca de la familia del pastor para compartirlo. Sin embargo, la verdad es que hay más voces en tu tocadiscos aparte de las de tus padres. Tú tienes las influencias de tu familia, de la comunidad cristiana y de tu cultura. Las tres tienen su voz en lo profundo de tu pensamiento.

Fuerzas de la familia

La familia sí tiene un papel importante en la formación de nuestra visión de las cosas. Muchas de las declaraciones en los discos de tu mente fueron grabadas en el hogar. Así que es el lugar lógico para empezar.

La familia es la "microcultura", la agrupación más pequeña de las tres. La familia es el "nosotros" de las relaciones individuales. La familia es donde las influencias que vienen de la comunidad y de la cultura son cuidadosamente afinadas y finalizadas. Es la fuerza más cerca de ti, pero no necesariamente la más poderosa.

¿Cuáles declaraciones de "y" son correctas acerca de tu familia? ¿Qué nos enseñaron mamá y papá con su comportamiento y con lo que no decían? Resiste la tendencia de dar por sentado que otros HP tuvieron la misma clase de padres y de familia que tuviste tú. He visto a pastores/padres en todo los puntos, desde santos hasta psicópatas. He oído de mamás que son genuinamente angelicales y de otras que son totalmente dramáticas. Se ha calculado que 80 por ciento de los ministros de hoy provienen de familias disfuncionales.[1] ¡Me suena como un desastre total! Algunas veces la verdad es más extraña que la ficción, aún en los santificados vestíbulos del santuario.

¿Qué expectativas no expresadas tenía tu familia? ¿Cuál era la imagen que se esperaba que tu familia proyectara? ¿A ti te era realmente permitido hablar ? ¿Se te permitía tener y expresar todas las emociones? ¿Eras escuchado? ¿Tuviste un papá o un pastor en el hogar? Tú estás interesado en la sinceridad ahora, no en "desollar vivo a papá" otro de esos negadores. Pero para algunos de ustedes estas preguntas nunca han sido formuladas en la mente. Tú nunca te detuviste para pensar en ellas seriamente.

Afuera, en público estas conductas negativas no se encuentran en ningún lugar. Pero en la privacidad de la casa pastoral, donde sólo tú podías ver, oír y sentir ¿estuvieron presentes? Algunas se presentaron, otras no. Algunas pudieron estar presentes la mayoría del tiempo, algunas sólo ocasionalmente. El veneno es malo, no importa la cantidad ni la frecuencia. La gente en peligro es insegura.

Tu familia, como todas las demás familias, tuvo lo bueno y lo malo, quizá aún tiempos seguros y no seguros. Lo importante es que tú lo veas como realmente fue. Una vez que lo veas claro, entonces podrás tomar cualquier acción que sea necesaria. La ignorancia no significa dicha, así como el firmar un contracto sin leerlo no significa confianza.

La comunidad eclesiástica

La comunidad es la "subcultura" a la que la familia pertenece. Más allá, te define a ti y a tu familia. La comunidad es un grupo social, la colectividad más grande. ¡O sí, los infames *ellos*!

LA PISTA DEL CONEJO: ¿Quiénes son ellos en quienes gastamos tanto de nuestro tiempo y energía tratando de complacerlos o de escondernos de *ellos*? ¿Has notado que no tienen nombres ni rostros específicos? *Ellos* nunca dicen nada directo a la cara. *Ellos* son un grupo nebuloso de quién sabe quiénes que nos miran, nos evalúan, nos juzgan y que de alguna manera terminan teniendo el poder para validarnos o invalidarnos. *Ellos* tienen el poder para aceptarnos o rechazarnos.

Ellos crean el grupo invisible que constituye a los "nosotros"- el grupo que es mayor que la suma de sus miembros. Es por eso que no hay rostros ni voces exactos. Es la colección de reglas, expectativas, amenazas y recompensas no escritas usadas para hacerte encajar dentro de la imagen corporativa.

La comunidad cristiana, la iglesia local, la denominación, la organización de ayuda a la iglesia o el recinto misionero, es la fuerza más subestimada de todas en tu sistema de creencias. Desde los líderes de más jerarquía en la denominación hasta los chismosos en la sala de reuniones de compañerismo (¿no es ese un nombre muy divertido?) "compañerismo", (¡donde el hablar de las personas a sus espaldas se oye más que en ningún otro lugar...la iglesia!), la comunidad tiene un profundo impacto en sus miembros, especialmente en ti . El poder de un grupo es casi indestructible. Eso es cierto desde la tragedia de la secta de Jim Jones hasta los equipos deportivos olímpicos. ¿Por qué pensamos que el grupo llamado iglesia es de alguna manera diferente? Yo aprendí a una edad muy temprana que la gente escucharía a mi papá predicar y que después le darían dinero para nuestro sostén en proporción directa a cómo yo me comportara en el asiento de la iglesia. Mi papá nunca me dijo eso. Mi mamá nunca sugirió eso. Las personas sentadas en las bancas de la iglesia, la santa iglesia de Dios, me enseñaron eso. Quizá tú nunca pensaste en esto desde esta perspectiva, pero los HP tienen 100 padres y 150 madres. ¡Créelo, los tenemos! ¡No es de extrañarse que llegáramos a ser tan perfectos!

Nota aparte para los padres de HP: Ustedes compartieron (o están compartiendo) su influencia paternal con la congregación de la iglesia. Ya sea correcto y justo o no, es verdad. El rebaño local ha llegado a ser la familia extendida no oficial de los HP. Es una influencia silenciosa y fuerte, tanto en el pensamiento como en la conducta. Es uno de los peligros ocupacionales a los que exponen a sus hijos . Estén atentos, ustedes comparten una función paternal con todo el que entre por las puertas de su santuario. Les guste o no, ustedes tienen que vivir con ello, y también sus hijos.

Desafío para ustedes los feligreses: Lo que ustedes piensan, lo que ustedes dicen, los gestos no verbales que expresan acerca de los HP son notados. ¿Ustedes se fijan en el dobladillo del vestido de las HP pero no el de las otras niñas? ¿Se fijan en lo rápido que maneja el hijo del pastor en el estacionamiento, pero pasan por alto el estilo de manejar de su propio hijo? Piénsenlo bien antes de contestar.

Chonda Pierce, comediante, HP y amiga mía, cuenta la historia de cuando ella tenía como 5 años de edad. Ella estaba tomando agua del bebedero un domingo, entre la escuela dominical y el culto. Había dos ancianas en fila detrás de ella. Una de ellas se estiró y le dio un golpecito en la cabeza y le dijo a la otra: "Esta es una de las hijas de nuestro pastor. Ella no es muy b-o-n-i-t-a". Chonda, siendo la persona arrojada que es, aún a la edad de 5 años, se volvió y de manera calmada le contestó: "¡No, pero soy de verdad i-n-t-e-l-i-g-e-n-t-e!" Los HP no son tontos, sordos ni ciegos. Por cierto, Dios tampoco lo es. Ustedes son responsables por el impacto, verbal o de cualquier índole, que tienen en los HP de su iglesia.

Para no parecer como un disgustado HP tratando de reivindicarme y adelantar mi propia agenda, mira lo que Stephen Arterburn y Jack Felton, en el libro "Fe tóxica", describen como un ambiente eclesiástico inseguro. Aquí están sus "10 reglas para un sistema de fe tóxica":

1. Control – El líder debe estar en control todo el tiempo.

2. Culpa – Cuando los problemas surgen, busque inmediatamente a un culpable.

3. Perfeccionista – No cometa errores.

4. Engaño – Nunca señale la realidad de una situación.

5. Ánimo perpetuo – Nunca exprese sus sentimientos a menos que sean positivos.

6. Lealtad ciega – No haga preguntas, especialmente si son preguntas difíciles.

7. Conformidad – No haga nada fuera de su función.

8. Desconfianza – No confíe en nadie.

9. Avaricia – Nada es más importante que dar dinero a la organización.

10. Imagen impecable – A cualquier costo, mantenga la imagen de la organización o de la familia.[2]

¿Encaja alguna de estas reglas en la iglesia o iglesias en las que tú creciste? ¿Había absoluto control del líder, aún cuando la jerigonza sonaba como "liderazgo de servicio"? ¿Había lealtad ciega? ¿Había necesidad de mantener la "imagen"? ¿Se esperaba eso de ti? ¿Había un regla escrita o no escrita a la que conformarse a menos que…?

Hace muchos años yo estaba en México como parte de

un grupo para escalar montañas. Uno de nuestros objetivos era llegar a la cima de 18.851 pies de altura de El Pico de Orizaba. El día antes de llegar hubo un accidente involucrando a tres alpinitas. Muchos de nosotros intentamos rescatarlos. Cuando llegamos al lugar donde estaban los tres alpinitas, uno ya estaba muerto. Él sufrió heridas masivas en el cerebro durante el desplome desde una ladera helada de 2.000 pies de altura. Un segundo alpinista murió justo frente a mí, cinco minutos después de nuestra llegada. El alpinista restante fue exitosamente estabilizado y transportado fuera del glacial donde fue evacuado por un helicóptero al día siguiente. Mientras nosotros estábamos tratando de comprender el sentido de esta tragedia, lidiar con nuestras propias emociones y dormir un poco, cada uno individualmente decidió no intentar el ascenso el día siguiente. Cada uno en su interior hizo votos consigo mismo de quedarse en el refugio mientras los otros iban a la cima. Cuando la alarma sonó a las 3:00 de la mañana, el grupo comenzó a ascender; ni un solo alpinista dijo "no". Todos nos vestimos. Todos empacamos nuestro equipo. El poder del grupo nos había succionado y todos nosotros salimos en el fuerte viento antes del amanecer en busca de la cima, ignorando las elecciones individuales que habíamos hecho antes.

No pienses ni por un momento que la comunidad cristiana es menos poderosa. ¿Cuán segura era la comunidad en la que tú creciste? ¿Cuánta fe tóxica se estaba derramando alrededor de los salones de escuela dominical o de las salas de reuniones?

Cultura

Si la comunidad cristiana es la fuerza más subestimada, la cultura es la fuerza más pasada por alto de las tres. Esta fuerza de alto impacto, a la cual yo llamo "marco-cultural", crea estructura y orden para tu comunidad, tu familia y para ti mismo como individuo. Influye en la manera en que tú defines tus necesidades físicas, psicológicas, religiosas y sociales. Define cómo tú ves la belleza y decides lo que te gusta y lo que no te gusta. También define el lenguaje – la manera en que te comunicas con el resto del mundo, desde los miembros de tu familia hasta tus compatriotas.

¿Qué clase de impacto ha tenido en ti la cultura? Te podría sorprender. ¿Qué me dices del impacto "indirecto"? La cultura impacta a la comunidad cristiana, la cual te impacta a ti. La sociedad tiene un fuerte impacto en la familia, la cual a su vez te impacta a ti también. ¿Cuánto piensas tú como el ciudadadno que eres? ¿Cuánto piensa tu familia y tu iglesia como los ciudadonos que son? Si alguna vez tienes la oportunidad de tener una conversación profunda con una persona de una cultura diferente, hazlo. Puede ayudarte a abrir los ojos para ver el impacto que tu cultura ha tenido en ti.

Me doy cuenta de que ahora se genera más información para ayudar a los HM a arreglar nuestras identidades singulares como hijos de una tercera cultura. Me siento animado al oír de más y más agencias misioneras que están intercediendo por nuestras necesidades. Ya era tiempo. Es también bueno saber que sólo porque tengo estas pequeñas manchas cafés en mi piel blanca de rata ¡no soy totalmente extraño!

Tú necesitas estar enterado de las fuerzas que han impactado tu pensamiento, que han forjado los discos en el tocadiscos de tu mente. Cualquiera y todas estas fuerzas pueden transmitir herejías santas.

Notas
1. H.B. London, Jr. y Neil B. Wiseman, Pastor at Risk, (Wheaton, IL: Victor Books, 1993), 45.
2. Stephen Arterburn y Jack Felton, Toxic Faith, (Nashville, TN. Oliver-Nelson, 1991), 263.

Tengo que ser perfecto

Parte 2

En realidad...
¿Cuál es el daño?

Cirugía emocional

Receta: En el curso de la lectura de este libro tú tienes la libertad de: sentirte herido, triste, confundido, llorar, enojarte, aliviado, regocijado, todos los anteriores o ninguno de los anteriores.

Repetición de la receta : Tantas veces como sea necesario.

Las herejías santas son asuntos serios y por lo tanto deben ser tratadas con suprema reverencia y respeto. Nos incumbe mirarlas sistemáticamente. (¡El sarcasmo está engrosándose aquí!) He decidido dividirlas en tres categorías principales:

1) Herejías santas acerca de ti mismo. Estas son cuarto conclusiones a las que tú puedes haber llegado relacionadas con "cómo piensas tú de ti mismo como persona".

2) Herejías santas acerca del mundo. Mientras que todavía están relacionadas contigo porque son tus discos, estas cuatro conclusiones expresan "cómo tú tiendes a ver a otros y/o el ambiente".

3) Herejías santas acerca de Dios. Esta sección solamente podría tomar el libro entero, pero la he reducido a un asunto principal que parece afectar mucho del pensamiento que tú puedieras tener acerca de Dios.

Conforme he estado ayudando a HP a identificar estas herejías santas, he notado que son los HP de las edades entre 25 y 50 años los que están más dispuestos a verbalizar la presencia de tal pensamiento. No estoy seguro del por qué, pero tengo mis suposiciones. Por lo regular se toma hasta la fase de jóvenes adultos para desarrollar la madurez mental y emocional que necesitamos para ver las cosas profunda y correctamente. Puede ser porque somos golpeados con suficiente realidad que comenzamos a ver más allá de nuestras expectativas pasadas y más esperanzadas. Cuando comenzamos a tener nuestros propios hijos comenzamos a reevaluar nuestra propia infancia. Quizá nos tome el mismo tiempo para dejar de fingir, algo que hemos aprendido tan bien durante los últimos treinta años Cualquiera que sean las razones oficiales, el patrón todavía es consistente.

Conforme tú leas cada uno de los siguientes nueve capítulos, ten en mente que no todas las herejías se aplicarán a tu situación. Esta es una colección de los patrones principales de pensamiento que he oído a lo largo de mis años viviendo y trabajando con HP. Tú puedes relacionarte con algunos de esos patrones y no con otros. Eso es de esperarse.

El número total de las diferentes herejías que se encuentran en tu colección de discos es lo que yo llamo "cantidad". He conocido a algunos HP que dicen que todos los nueve se aplican a ellos. Toma lo que sí aplica y deja el resto para otros. Sin embargo, también sé que algunos de ellos no parecen aplicar a primera vista. Es por eso que te animo a mantener un diario y a tomar tiempo para pensar detenidamente en cada capítulo.

Además de la "cantidad" de las diferentes herejías que podrían aplicarse a ti, existe lo que yo llamo la "intensidad" de cada herejía. Una herejía en particular puede representar tu pensamiento en cierto tiempo, en la mayoría del tiempo o en todo el tiempo. Tú puedes creerlo un poco, pero no totalmente. ¿Cuál es el nivel del volumen – de la intensidad – del disco que toca en tus oídos?

Sin importar tu edad, mira cuidadosamente las siguientes nueve herejías santas para ver si se aplican a ti. Conforme leas cada capitulo, podría parecer que el asunto está solamente hasta la mitad. Eso es porque así es. En esta sección trataremos con las falacias. La verdad vendrá cuando lleguemos a la parte III. Primero las herejías, luego la sanidad.

3

LAS CUATRO HEREJÍAS SANTAS ACERCA DEL MUNDO
TENGO QUE SER PERFECTO

Como un buen evangelista, iré directo al corazón. "Tengo que ser perfecto" es una herejía tan amplia que toma muchos disfraces y formas. He oído a muchos HP repetir estas palabras exactas. Otros, que lo niegan con sus palabras, lo pueden decir con sus patrones de conducta y pensamiento, aún cuando no se ven a sí mismos como perfeccionistas. Como cualquier herejía que vale el costo de la tinta en el papel, "Tengo que ser perfecto" tiene muchas variaciones. Todas ellas pueden herir profundamente.

"¡Por supuesto que tengo que ser perfecto, déjeme decirle las razones por qué!"

–   Todos esperan que yo sea el brillante ejemplo de
    todo lo que mi padre predica.

- Si no lo soy, es porque estoy siendo irresponsable.

- Porque no quiero defraudar a Dios.

- Las cosas se facilitarán para todos si soy perfecto.

- No quiero ser tropiezo al compartir con alguien el mensaje de salvación.

- La imagen lo es todo, eso es lo que mamá siempre dice.

- La congregación sentirá más agrado por papá si yo soy perfecto.

¿Hay algo que quieras agregar a la lista?

Algo interesante de esta herejía es que tú eres el único que está atado por ella. Otros no tienen que ser perfectos. Sólo tú. A otros les es permitido ser humanos y cometer errores, pero a ti no. "Otros pueden, tú no puedes". ¿Alguna vez oíste esto? Diré más de esto en el capítulo seis.

El perfeccionismo crea un desafío que es tanto inalcanzable como inexistente. Nosotros lo expresamos en términos cristianos agradables, como si eso lo hiciera más alcanzable de alguna manera, si sólo somos lo suficientemente disciplinados y confiamos en Dios lo suficiente y si... y sólo si... Para mantenernos tras este absurdo objetivo del perfeccionismo, internalizamos un complejo sistema de afirmaciones con "debería" que actúan como un pseudo Espíritu Santo – unos tiranos dictadores cuya única tarea es mantenernos en línea, una línea perfecta.

- "No debería haber dicho eso".

- "Debería ser más paciente".

- "No debería estar tan cansado".

- "Debería..."

¿Lo oyes? Sin importar si se dice la palabra exacta o no, ¿está presente en tu pensamiento? Por cierto, ¿quién dijo que esa es la manera en que debería ser?

El perfeccionismo crea un objetivo inalcanzable, lo que luego hace que tú creas la larga lista de las frases con "debería". Pero "debería" es algo bueno que decir, ¿verdad? Te guarda de hacer algo incorrecto o estúpido, ¿no? Claro que sí. Es como atar a tu pequeña hija de dos años de edad al poste de la cama para que no se queme sus lindas manitas en la estufa de la cocina. Da resultado, pero esa no es la manera de mantenerla a salvo.

Con el pensamiento de "debería", tú sólo tienes dos opciones: la manera del "debería" o la manera incorrecta. No sólo en los asuntos más importantes en la Escritura, donde hay genuino bien y mal, sino que se generaliza para todas las partes de la vida. Esta mente de y/o es el catalizador de la ansiedad. Oh, lo olvidé, como creyentes no tenemos "ansiedad", sólo la llamamos preocupación. No lo creas. Es el mismo caballo, sólo que de diferente color.

Ahora, como adulto, tú te encuentras tomando decisiones basadas en lo que tú temes.

- Temor de fracasar

- Temor de lo que otros pensarán

- Temor a ser rechazado

- Temor de no saber algo

- Temor de ser irresponsable

- Temor de defraudar a Dios

- Temor… temor…

Temor, todo porque en algún lugar dentro de ti te sientes obligado a ser perfecto. ¿Suena conocido? ¿Diría tu cónyuge que suena conocido? ¿Dirían tus amigos que este capítulo encaja contigo? Recuerda, el perfeccionismo proviene de muchas direcciones y tiene muchas caras. Tu ropero puede ser un desorden, pero el pensamiento puede todavía estar en tu mente.

La necesidad de ser perfecto no sólo genera un torbellino de ansiedad, también destruye tu confianza en ti mismo.

Cuando todo es… se debería o… un fracaso total,

tú terminas de la misma manera, fracasando a menudo,

lo que te convierte en un fracasado… al menos así piensas tú,

lo que te convierte en un estúpido sin remedio,

lo que erosiona tu confianza en ti mismo.

En este punto, tú tienes dos opciones otra vez. Opción una es morir intentando… intentando… intentando ser perfecto. Hasta puedes distorsionar la realidad para al menos poder sentirte exitoso. La otra opción es renunciar e irte . "Si no intento", te dices a ti mismo, "no puedo fallar". Tú creas una coartada que te permite salvar la reputación . Es mejor no intentar y fracasar, que intentar con todas las fuerzas y seguir siendo hallado falto, ¿no es así? Todo esto proviene de la herejía que dice "tengo que ser perfecto".

La excelencia está bien. La pasión por el trabajo de Dios es excelente. Sin embargo, el perfeccionismo mata.

Como rata de laboratorio, estoy motivado por las recompensas. También evito intensamente el dolor. Puedo vivir con uno o con los dos. Pero si me electrocutan por cada pequeña cosa que hago que no es exactamente perfecta, ¡termino siendo un neurótico, violento o catatónico! Lo mismo es cierto para los humanos.

La ansiedad, mezclada con la confianza en ti mismo dañada, te convierte en un candidato para tremenda depresión. En el año1996, yo estaba presentando un taller titulado "Dentro de la mente de los HP", en la Primera conferencia anual para hijos adultos de predicadores en Nashville. Uno de los HP que estaba sentado en la fila del frente me preguntó acerca de los HP y la depresión. Pedí que levantaran la mano los que habían sido diagnosticados con depresión, que habían recibido medicina antidepresiva o que habían sido hospitalizados por depresión. De los 100 adultos presentes, cerca de 80 levantaron la mano. La evidencia me golpeó como un tren. Entonces una mujer desde la parte de atrás del salón lo dijo todo: "¡Sí, pero no se nos permite serlo!" ¡Ay! pero cuán cierto.

Nota de estudio: Estas herejías tienden a estar interrelacionadas. Conforme leas los capítulos, compara las referencias a medida que sientas las conexiones. Donde hay una herejía, puede haber más.

Tengo que ser perfecto

4 YA DEBÍA YO SABER

El mejor lugar para empezar a hablar acerca de esta particularmente sigilosa herejía es conmigo mismo. Desde que recuerdo, siempre he creído que "ya debía yo saber" todo lo necesario para manejar la situación que se me presentaba . Ya debía yo saber la repuesta a las preguntas de los maestros de escuela dominical. Ya debía yo saber cómo manejar un determinado conflicto. Sin importar en lo mínimo que yo nunca antes había pasado por una situación como esta, aún así ya debía yo saber. ¡Podría escribir un libro de todas las cosas que yo creo que ya debía yo saber de antemano!

Esta herejía no está limitada a los asuntos religiosos. Hace muchos años, cuando yo era guía en el desierto, tuve la oportunidad de hacer un viaje en kayak en el río Arkansas.

Conforme trabajábamos en la técnica de mantener este chistoso botecito en la posición correcta sin voltearse en el estanque de práctica, yo me esforcé por dominarlo. El "ya debía yo saber" comenzó a deslizarse en mi vida tratando de que no me percatara. Después de todo, yo era atlético. Era guía en el desierto. Había ido río abajo muchas veces (en una balsa, con un guía de río). Yo pensé: "ya debía yo saber cómo maniobrar este artefacto". Conforme nos metimos al río para poner en práctica lo aprendido, mi objetivo era hacer todo el recorrido del río sin voltearme. Después de todo (otra vez), yo debía saber cómo manejar esta cosa. Recuerda que nunca antes en toda mi vida había estado en un kayak...nunca. Pero el "ya debía yo saber" no toma en cuenta esas pequeñas realidades. No pasaron más de treinta segundos, sí segundos, después de colocarme ¡cuando volteé mi kayak! La frustración que sentí no fue por causa de la dificultad al tratar de salir del kayak que se había volteado en sólo tres pies de agua, era porque había fallado al no saber de antemano cómo usar el kayak. La herejía del "ya debía yo saber" puede atacar en cualquier lugar, a cualquier hora y respecto a cualquier asunto. Por cierto, después de esa caída, terminé el resto del camino sin voltearme. El "fracaso" inicial rompió la expectativa de "ya debía yo saber" y me liberó para poder disfrutar la experiencia.

Una variación de esa herejía es la conclusión que dice "debería estar mucho más adelantado en mi andar espiritual de lo que estoy ahora". Sea lo que sea, ya debía yo saber. Donde sea que esté en mi camino espiritual, debería estar más adelante.

Este es un patrón de pensamiento que muy pocos que no son HP pueden entender verdaderamente. Ellos no pueden entender por qué a nosotros se nos ocurre pensar de esta manera. Tampoco estoy seguro de entenderlo, pero ¡lo debería entender! No lo obtuve de mis padres. No puedo recordar. Lo que creo que pasó es que la herejía pasó por mutaciones a través de un patrón de interacciones que sucedieron así:

> La gente supo que yo era HP y supuso que yo de antemano sabía más que el resto de los niños.
>
> Yo tomé sus suposiciones y concluí que quizás se suponía que yo supiera de antemano. Así que en lugar de parecer estúpido, fingí saber.
>
> Ellos me vieron fingiendo y concluyeron que yo de verdad sabía, y continuaron suponiendo.
>
> Yo continué fingiendo….

Cuando estás en este ciclo, se crean cuarto problemas. Primero, uno se vuelve bueno para fingir y esconder la verdad. ¿Ves cuán fácilmente esto puede ser entremezclado con la herejía de "tengo que ser perfecto"? Entonces te vuelves en un experto en lo que yo llamo agacharse y guarecerse. Esta falta de autenticidad daña tu crecimiento emocional y espiritual. Tú puedes volverte tan bueno en fingir que hasta tú mismo comienzas a creerlo.

Segundo, tú tiendes a no pedir ayuda. Después de todo, ¿por qué pedir ayuda en algo que tú ya debías saber cómo manejar? ¿Por qué deberias mostrar a todos que no sabes lo que ya deberías saber? Tú vas por la vida a solas, por tu propio entendimiento, silenciosamente observando a otros, pero no pidiendo ayuda.

Tercero, tú te niegas a hablar y a pedir ayuda (el otro lado de esta moneda es que los demás tienden a no ofrecerte ayuda tampoco). ¿Alguna vez te han preguntado si quieres ser enseñado por alguien en la iglesia? ¿Alguna vez te han preguntado si te gustaría tener un amigo y un compañero que te anime? Si estás parcialmente aislado por tu falta de iniciativa, el círculo de aislamiento es completado por otros que no te tienden la mano ni te ofrecen ayuda. Tú te sientes aislado, solo y diferente. (Tú verás este asunto de nuevo en el capítulo seis.)

La cuarta razón es probablemente la más dañina. Con el "ya debía yo saber", viene la realidad de que yo no sé todas las cosas en realidad. Es un camino seguro para que el desprecio de sí mismo levante su horrible cabeza y te trague por completo. "Debería saber… pero no sé". Tú empiezas a pensar que eres un fracasado, y es fácil embarcarte en un programa de paliza mental para regresarte a actuar de la manera en que deberías, de acuerdo con la circunstancia de que se trata, aunque tú no tengas ni la menor idea de cómo. Y puedes llegar a ser muy hábil en aporrearte a ti mismo con palabras. Tú te insultas. Tú te recitas frases de desprecio en las catacumbas de tu mente. Concluyes que eres un pelmazo o un perdedor.

He platicado con algunos HP que fueron más allá del desprecio de sí mismos hasta que físicamente se aporrearon por sentirse muy estúpidos o incompetentes, todo porque ellos piensan que ya deberían saber. Tú puedes estar creyendo que hablo de venas cortadas chorreando sangre o algo así. Por lo general no es eso. Los HP después de todo, tienen que ser, o al menos parecer, perfectos. Sería totalmente inaceptable ir a la iglesia con las muñecas cicatrizadas, ¡a la vista de todos! ¡Piensa en lo que los vecinos dirían! ¡El mundo se terminaría, como también el ministerio maravilloso de papá!

"¡O, Dios santo! ¿Viste eso, Ester?"

El daño físico del que estoy hablando está escondido la

mayoría de las veces. Aparentar ser bueno se acompaña del buen fingimiento. Puede involucrar cortaduras, pero en lugares en los que la ropa siempre cubre. Puede tomar la forma de ejercicio físico al punto en que puede llegar a dañar el cuerpo. Otra gran manera de herir físicamente el cuerpo es mediante comer o no comer. Es una gran manera para dañarse a uno mismo, sin ser descubierto. Diré más de esto en el capítulo diez.

RECORDATORIO: Esta herejía, como las otras, tiene al menos un poco de verdad. Sí, tenemos que ser responsables, sabios y competentes. Sí, tenemos que aprender de nuestros errores y esfuerzos para no repetirlos. Pero eso es diferente de la herejía que dice "ya debía yo saber". Eso es simple y profundamente falso.

Pero se siente verdadero.

Pero no lo es.

Pero parece verdad.

Pero no lo es.

Tú solamente sabes lo que sabes hoy, y eso es aceptable para hoy. Tú aprenderás más, mañana tú estará más adelantado de lo que estás hoy. Pero por hoy, estás bien. Y es suficiente, para hoy.

5 ESTOY AQUÍ PARA OTROS

CONSEJO DE LECTURA: Esta herejía por lo general está acompañada por la herejía que dice "Las necesidades de otras personas son más importantes que las mías" de la que se hablará en el capítulo nueve. Ellas son compañeras de cama (me gusta esa frase) y son una combinación muy peligrosa de uno-dos. Tal vez tú quieras voltear las hojas adelante y atrás entre los dos capítulos conforme lees. Tú sabes que te está permitido.

El himno lema para estas herejías es "Canales solamente". El versículo estandarte es "sobrellevad los unos las cargas de los otros" ("versión Reina Valera 1960). Crecer rodeado de una mente fija en el ministerio puede fácilmente programarte a pensar en una cascada de pensamientos como:

"Estoy aquí para ser una manguera espiritual. Tú sabes, para pasar el 'agua de vida' de Dios a otros".

"Pero la manguera no es importante, ni yo tampoco lo soy, sólo lo son otros".

"Yo sólo existo para servir a otros".

Tú puedes pensar que es un trabajo, sí, aún tu llamado u obligación, hacer que otras personas sean felices y se sientan cómodas. Después de todo, ellas son a quienes se está ministrando, ¿correcto? Es egoísta de tu parte estorbar "el trabajo de Dios" con tus propias necesidades, ¿o no?

¡Mentira…mentira…mentira!

¡Pero una mentira nunca sonó tan… tan espiritual!

Tú recuerdas los sermones. Tú no deberías mirar "por lo suyo propio, sino… por lo de los otros". Nos olvidamos de la palabra "también" que se ignora cuando se cita Filipenses 2:4. Debemos sobrellevar las cargas de los otros. Todo a medias verdades. Pero las medias verdades son tan dañinas. Como las mentiras completas. Si te aferras a esta línea de pensamiento, conscientemente o no, estás lanzando bolas a la cuneta en la pista del boliche celestial, suponiendo que se juega boliche en el cielo. Tú puedes haber adoptado esta posición para no parecer egoísta o egocéntrico, la otra cuneta de la pista de boliche. Has sobrecompensado al extremo, pero todavía estás poniendo la bola en la cuneta. Ser egoísta o arrogante es malo. Rebajar el valor que Dios te ha dado a ti es igualmente malo. Si el juego es el mismo en el cielo que aquí en la tierra, cualquiera de las cunetas te da a el mismo número de puntos: cero.

Tus necesidades legítimas están insatisfechas, así que o

terminas deprimido (¡aquí está la palabra con "D" otra vez!), o tratas de salvar algunos sentimientos de bienestar aferrándote a un sentido de rectitud personal. Silenciosamente tú apuntas en la pizarra cuántas veces te has sacrificado por causa del evangelio, y en cierto modo tratas de llenar los hoyos en la brecha que hay en tu alma de esa manera. No obstante, de cualquier modo, pierdes. Tú pierdes tu conexión con la verdad. Esto se verá de nuevo en el capítulo diez.

Mi papá cuenta de cuándo su líder del club de escuela bíblica le pidió que no se memorizara ningún otro versículo hasta que algunos de los otros niños pudieran ponerse a la corriente con él. Los otros niños del club estaban desanimados porque él, el hijo del pastor, estaba muy adelantado a ellos en la competencia de memorización. De él se podía esperar que pusiera las necesidades de otros antes que las suyas. El respeto por los líderes y la deferencia a otros eran valores cardinales en la casa de mi abuelo. El ministro, y su familia, estaban ahí para los demás. La petición de la líder del club fue honrada. Con sólo unas pocas semanas restantes antes que la competencia terminara, la maestra prometió dar a saber a mi papá cuando alguien se acercara al número de versículos que él se había memorizado. Pero ella lo olvidó. ¡El hijo de ella, un amigo muy cercano de mi papá, ganó el premio!

Fue muy decepcionante el final de la historia para el niño que ansiosamente esperaba ganar el premio que tan fácilmente hubiera logrado, pero que perdió. Papá admitió que había olvidado el incidente. La historia retomó veinte años después cuando mi papá se encontró con la líder del club otra vez. Ella le pidió disculpas pródigamente por haberse aprovechado de su disposición a responder positivamente a su petición de poner "a otros antes que a sí mismo". El perdón fue extendido, se derramaron lágrimas y el dolor del corazón de esta líder laica fue aminorado con un abrazo.

Este es un círculo loco que imita el ciclo de desarrollo de los primeros años de la infancia, comúnmente conocido como "Ciclo de apego". Aquí está cómo las cosas se supone que funcionen:

Tú tienes una necesidad.

Tú verbalizas esa necesidad.

Un protector principal suple esa necesidad.

Tú te sientes bien y la confianza en tu protector aumenta.

Pero en una familia ministerial, fácilmente puede terminar funcionando así:

Tú tienes una necesidad.

Tú verbalizas esa necesidad.

Pero esa necesidad no es suplida o es suplida en una manera inconsistente. O en el caso de los HM, los protectores siguen cambiando así que no hay tiempo para vincularse con ningún protector.

Tú eres defraudado, herido y confundido. Tus necesidades no son suplidas. La confianza está ausente.

Lastima más el pedir y no ser escuchado que no pedir en absoluto. Así que tú dejas de pedir.

Después de un tiempo, te olvidas de pedir.

Con el tiempo, puedes olvidar inclusive el necesitar algo de alguien.

Yo vi el impacto de esta exacta progresión en los ojos de una adolescente HP con quien estaba trabajando hace muchos años. Ella se sentó en mi oficina como alguien que simplemente estaba sobreviviendo en un campo de concentración: sin vida, sin sueños, sin nada.

Su papá estaba ocupado siendo pastor, su mamá estaba deprimida y ella estaba sola.

No le había pasado nada "realmente malo", sólo le faltaba todo lo bueno. Ella no pedía nada, no quería nada y aprendió a no depender de nadie más que de ella misma para todo. La última vez que la vi, ella había escogido las drogas para ayudarse en su camino por la vida. Mi corazón lloró cuando la vi abandonar mi oficina por última vez.

Todo sucede tan gradualmente, tan sutilmente o, muy probablemente, de manera no intencional. Pero con todo, sucede. Todo el tiempo esto es aplaudido como servicio espiritual, como "poniendo a un lado la carne". Aunque el observador casual, y hasta tus padres, pueden verlo como un sacrificio no egoísta, no lo es. Puedo matarte disparándote con una pistola. Puedo también matarte de hambre. La pistola es ruidosa y evidente. La inanición es silenciosa y nadie la detecta, hasta que ya es muy tarde. De cualquier manera, tú terminas muerto.

6 SOY DIFERENTE

Esta herejía no tiene nada que ver con los nombres despectivos con los que tus hermanos o amigos te llamaban cuando crecías. Esta herejía no tiene nada que ver con la legítima "diferencia" que los HM como yo sienten por causa de tener un pensamiento de culturas mezcladas. Quiero decir ¿cuántos de los otros niños van montados en elefantes a la escuela todos los días para no ser atacados por leones? Esta es una gran historia que los HM africanos cuentan a los asistentes de escuela dominical. Como un HM de regreso en los Estados Unidos, recuerdo darme cuenta de que no "pertenecía". Hice lo único que sirve de combustible a esta herejía.

La herejía de "soy diferente" proviene de sutilmente ser tratado de manera diferente durante el crecimiento. Uno estuvo bajo diferentes reglas. Uno tuvo diferentes expectativas a qué avenirse. Estas reglas y expectativas provienen de las fuerzas de la familia y la comunidad de la iglesia. Aunque los miembros de la iglesia lo nieguen, ellos sí tratan y juzgan a los HP de forma diferente. Es un brinco fácil que dan. "Por cuanto tengo que jugar con reglas diferentes … yo debo ser diferente". O "por cuanto tengo que vivir según diferentes expectativas…debo ser diferente. No tengo idea del por qué, sólo soy así". Esta conclusión pronto se convierte en una visión de ti mismo.

El meollo de la verdad en todo esto es que, como HP, es probable que tú hayas tenido diferentes experiencias y oportunidades. Quizá tú pudiste viajar más, tener el privilegio de conocer a los grandes nombres de la fe cristiana o de estar alrededor de los líderes de la denominación. Tú pudiste asistir a congresos, conciertos, campamentos o viajes misioneros a los que otros sólo soñaron con asistir. Todas estas cosas son algunos de los "gajes" de ser un HP. Algunos de ellos son ahora invaluables. Tus experiencias fueron diferentes, eso es verdad. Pero como miembro de la raza humana, tú realmente todavía eres uno de nosotros. La clave es separar la verdad de la mentira.

Otra verdadera diferencia es el hecho de que tú probablemente fuiste expuesto a diferentes conflictos en la vida de la iglesia o de la denominación. Tú supiste de los problemas financieros de la iglesia. Tú escuchaste los amargos argumentos acerca de qué color debería ser la alfombra en el nuevo santuario. Tú supiste cuáles miembros estaban por detrás tratando de "remover" ("echar a patadas" es más certero) a tu padre. Tal vez en tu interior tú querías saber las primicias de información, tal vez no, pero tú las sabes de todos modos. Y tú no estás libre de decirle nada a nadie. Esto también te hace a ti diferente.

Mientras que esta herejía no hundirá nuestro bote, sí puede

causar una gran herida. "Soy diferente" puede detenerte de entablar amistades profundas, aún hoy mismo como adulto. Puede darte ese sentido de intranquilidad en los marcos sociales. Puede mantenerte en la orilla cuando otros están adentro. Tú puedes ser demasiado sensible al protocolo y al hecho de que tú no lo estás haciendo del todo bien. Tú puedes ser propenso a aislarte porque eso es más seguro que sentirte como que no encajas. Tú puedes sentirte solo, aún entre amigos. Esta tendencia a aislarte, mezclada con los sentimientos de soledad, te hace susceptible ya sea a la depresión o a un inflado sentido de lo que yo llamo arrogancia de "yo puedo solo". Ambos son dañinos internamente. El "soy diferente" puede aún interferir con tu habilidad para sostener una amistad íntima con tu cónyuge.

LAS CUATRO HEREJÍAS SANTAS ACERCA DEL MUNDO

7 NO PUEDO CONFIAR EN NADIE

Tú puedes estar pensando: "Un momento, esta no es una herejía, ¡es la verdad! Yo sé lo que la gente de verdad es detrás de su cara de domingo. Yo sé cómo puede ser la lengua suelta de las personas, cómo las confidencias privadas pueden ser difundidas como 'peticiones de oración'. Yo sé con cuánta frecuencia la gente, especialmente la que está en posiciones de liderazgo, dice una cosa y vive otra. Yo sé que no puedo confiar en nadie, ¡jamás!"

Personalmente me es difícil llamar esto una herejía. La triste verdad es que muchos, aún los que están dentro de los reflejos de los cristales del santuario, pueden no ser confiables. No estoy tratando de ser cínico, sólo sincero. La confianza, la lealtad y la disciplina necesarias para mantener esa confianza no se nos enseñan ni se modelan lo suficiente en estos días. La mente y la lengua de la gente son flojas, algunas veces incluso volubles, egoístas y manipuladoras.

¿Cuántas veces has compartido o has hecho algo sólo para que termine como ilustración de un sermón? ¿Cuántas veces has compartido algo con un maestro de la escuela de la iglesia, sólo para que esto llegue al director, siga con un miembro de la directiva de la iglesia y finalmente sea grandemente alterado, por supuesto, en la oficina de tu papá? ¿Cuántas veces viste a tu papá compartir un conflicto personal confidencial, sólo para que fuera usado contra él en la próxima reunión de la junta directiva? ¿Cuántas veces oíste al misionero de alto rango decir "puedes confiar en mí", sólo para descubrir que fue directamente a la oficina central?

Aunque historias como éstas son verdaderas, el "no puedo confiar en nadie" todavía tiene suficiente falacia para calificar como herejía. Algunas personas no son confiables, punto. Es imprudente intentar confiar en ellas, sean creyentes o no. Eso puede sonar no cristiano, pero es bíblico. Lee Proverbios 25:19 cuando tengas tiempo.

Esta falta de confianza en las razones justificadas puede fácilmente hacerte cínico y sarcástico. Algunas personas no pueden ser confiables ni para creer la verdad. El sarcasmo es un medio seguro para expresar el mensaje. Chonda Pierce es una comediante profesional por una buena razón. Ella sabe que como comediante puede decir cosas que no podría decir seriamente. Cuando se dicen en un chiste, se evita tener que recitar todos los negadores. Esta actitud cínica es especialmente intensa cuando hablamos del liderazgo cristiano y de la autoridad en general. Tú pasas mucho tiempo tratando de entender lo que ellos realmente quieren. Tú esperas que caiga el otro zapato. Tú sabes que así será.

No es cuestión de si caerá, sólo es cuestión de cuándo. Así que tú esperas.

Pero algunas personas son dignas de confianza. No son perfectas, así que su confianza no será perfecta tampoco. Pero tú puedes encontrar a algunas personas que pueden ser confiables si te tomas el tiempo para buscarlas. Sin confianza, no hay relaciones. Sin relaciones, hay aislamiento. El aislamiento puede causar depresión, una amenaza común para los HP, o puede moldearte en un observador. Tú te queda squieto y observas, pero nunca estás en medio de la acción. Sólo estás mirando. Ser un observador es más seguro. Tus imperfecciones no son expuestas. Lo que ellos no saben se mantiene escondido. Ningún punto débil será expuesto. Ninguna debilidad será expuesta para que nadie, ningún día, la use contra ti.

David Gatewood me dio una vívida ilustración de esto cuando describía una experiencia que tuvo. Él se recordaba a sí mismo como un pequeño niño pegado a la ventana de su casa en Suiza viendo a unos niños jugando en la calle. Tenía sus pequeñas manos y su naríz presionadas contra el vidrio, mirando, no participando, no conectado, sólo mirando. Cuando la confianza está ausente, se termina como David, parado solo en silencio, mirando.

El otro extremo de esta misma herejía de "no puedo confiar en nadie" es la urgencia de llegar a ser el que se crea a sí mismo: "yo lo hago por mí mismo", el cínico que marcha al compás de su propio tambor. Tú no confías en nadie. Tú eres ambicioso. Tú pasas demasiado tiempo mirando sobre el hombro y verificando el trabajo de todos los demás. Tú no tomas riegos excepto los que pueden garantizar terminar de la manera que tú quieres (de ninguna manera son verdaderos "riesgos"). Y silenciosamente, la ansiedad retumba a través de la materia gris de tu cerebro. El cinismo y el sarcasmo crecen; tú puedes hasta cultivarlos.

Tú quemas tus puentes tan rápido como los construiste. Y Tú te encuentras solo.

Durante el tiempo en que he estado escribiendo este manuscrito, me he dado cuenta de mi propia falta de confianza. No es del tipo cínico, sino del tipo callado que dice "yo camino solo, siempre caminaré solo". Y así ha sido. Camino solo. Mi esposa lo siente. Otros lo sienten también, estoy seguro. Pienso solo, escribo solo, a menudo escalo las montañas de Colorado solo. Lo que yo siento no es soledad, es estar solo, no estar apegado a nada, a nadie. Durante nuestra comida semanal juntos los miércoles, David y yo hemos estado hablando del material profesional de lo que se llama "Desorden reactivo de apego". Nosotros vemos más y más de nosotros en estas descripciones. Vemos más y más HP y HM que reflejan las cosas que estamos sintiendo, pero que nunca habíamos encontrado las palabras para describir lo que estábamos sintiendo.

No confiar en nadie convierte el mundo en un lugar muy grande y espesante. ¿Sus alternativas?

> Puerta #1. Abandona el mundo. El suicidio suena como la acción de elección. Si tú escoges no cortarte las venas, puedes jugar la ruleta rusa con actividades de alto riesgo como, pero no limitadas a, rugby, drogas, sexo, etc. Tú puedes no abandonar el mundo entero, pero puedes abandonar el mundo eclesial. Tú te alejas, te sacudes el polvo de los zapatos y nunca vuelves atrás.

> Puerta #2. Construye muros lo suficientemente altos y gruesos para mantener fuera a la gente peligrosa que lastima tu corazón. Sin confianza, tú caminas solo. Tal vez no socialmente, pero

ciertamente emocional y aún espiritualmente. Tú puedes hacer esto bien porque has completado los cursos "Patrones de frases cristianas gastadas 1 y 2", con un promedio de 100%, ¡ni más ni menos! Pero tú nunca compartes lo que en verdad hay en tu corazón. Tú aprendes a no necesitar. El deseo de tu corazón es no desear. Es algo muy arriesgado que te hace muy vulnerable.

Puerta #3 Lo siento, sólo tienes dos opciones. Adelántate hasta el capítulo 10 si quieres entender por qué sólo hay dos opciones.

8 PUEDO ARRUINAR EL MINISTERIO DE PAPÁ

No puedo ni empezar a sumar todas las veces que he oído a HP y a HM decirme esto. La herejía de "Puedo arruinar el ministerio de papá" puede causarte vivir en un estado de constante ansiedad ligera. Ese es el temor de que cometerás muchos errores pequeños que removerán a papá del púlpito.

Conocí por primera vez a Amy Anders (no es su verdadero nombre) hace muchos años. Nuestros caminos se habían cruzado en ocasiones a través de los años y ella recientemente me compartió esta historia:

> "Estaba en los primeros años de mi adolescencia y mi papá estaba pensando tomar un trabajo en una iglesia nueva. Mi hermano había tenido un año tumultuoso,

así que todos estábamos un poco nerviosos. Mi papá nos sentó y dijo: '¿Creen que ustedes se podrían portar lo suficientemente bien como para que yo pueda tomar este trabajo?' MI traducción: 'No lo arruinen todo, sean perfectos. Ustedes arruinarán el ministerio de papá, y con eso arruinarán el bienestar y la habilidad de proveer para ustedes'. Estaba muerta de temor de mirar a cualquiera con los ojos bizcos por temor a lo que pasaría.

¿Te suena conocido? Para evitar arruinar el precioso ministerio de papá tú tratas con todas tus fuerzas de no cometer ningún error. O sea, tratas de ser perfecto. (¿Recuerdas esta parte del capítulo tres?) Tú trabajas demasiado duro para ver que todo el mundo esté contento y cómodo, que las necesidades de otros sean satisfechas (referencias cruzadas con los capítulos cinco y nueve). Tú te conviertes en un hipervigilante, demasiado sensible a cualquier cosa y a todo lo que sucede en la iglesia. Y si algo malo sucede (por lo regular una cosa por semana), tú sientes que de alguna manera es culpa tuya. Tú te sientes responsable, aún cuando no tengas directa conexión con el asunto.

Una de las grandes suposiciones detrás de esta herejía es que el papá realmente necesita este ministerio, que él tiene que tenerlo y por lo tanto la familia entera debe guardarlo a costa de lo que sea. Literalmente a toda costa. He llegado a la conclusión de que hay muchas personas en puestos ministeriales, no porque Dios las haya llamado ahí, sino por sus propias heridas internas o necesidades o deseos o egoísmo que las ha llevado hasta ahí. Tal vez eso es solamente mi sarcasmo fluyendo. Tal vez es la visión limitada de la capilla por el ojo de una rata. Tal vez es verdad.

Otra suposición que suena lógica es que, a la postre, tú eres el responsable de ver que papá mantenga su puesto. Después de todo (¡hay muchos "después de todo" en este libro!), ¿cómo puede él gobernar la iglesia si no puede gobernar su propia casa? Tú eres la prueba del pudín. Tú haces que papá sea creíble. Tú lo haces ser una persona genuina y no hipócrita. ¡Lo llevas todo sobre tus pequeños hombros! ¡Qué suerte tienes! Por supuesto que tú lo puedes sobrellevar, eres el hijo del pastor.

Aquí entra un extraño giro en la realidad de la humanidad. Algunos feligreses responderán al sermón de tu padre en directa proporción a cómo te sientas en el banco. Algunos miembros de la junta directiva rechazarán a tu padre por la inaceptable conducta tuya. Ellos sí notaron cuán rápido manejabas en el estacionamiento después de la reunión del grupo de jóvenes el miércoles pasado. Tu papá (probablemente más tu mamá) puede haberle dicho esto palabra por palabra. ¡Ay! ¡Qué poder tan importante! ¡Un HP puede totalmente desmantelar el ministerio de un hombre de cuarenta años, de seis pies y dos pulgadas de estatura preparado en un seminario!

> Cuán arrollador
>
> Cuán habilitador, aunque con un falso sentido de poder
>
> Cuán abrumante en tu conciencia
>
> ¡Cuán equivocado!

Perder el púlpito o perder las credenciales de la denominación es algo entre tu papá, la congregación y la junta directiva o los líderes de la denominación . Pero frecuentemente uno de éstos te hala a ti , dándote una "razón" para llo que hacen. Esto es el propio combustible que mantiene vivita y coleando la herejía de "Yo puedo arruinar el ministerio de papá".

Creíble, sí.

Sigue siendo una herejía, cuando se compara con la verdad.

9 LAS NECESIDADES DE OTRAS PERSONAS SON MÁS IMPORTANTES QUE LAS MÍAS

¡O, pero claro! Las necesidades de todos son más importantes que las tuyas. Déjame contarte las formas, en caso de que las hayas olvidado:

– Las necesidades de papá de descansar o de tener tiempo de estudio silencioso son más importantes que tus necesidades de recibir ayuda en matemáticas o jugar fútbol.

– La necesidad de dar un "buen ejemplo" a los hijos de los que se sientan en los bancos de la iglesia es más importante que tu necesidad de ser tratado como un niño normal.

– El feligrés que está por someterse a una cirugía

tiene preferencia sobre las vacaciones de la familia, sin importar el hecho de que ustedes no han tenido vacaciones en tres años ni que han sido planeadas por seis meses.

– La necesidad de mamá de verse bien y de no ser puesta en ridículo es más importante que tu necesidad de ser un niño de seis años (eso es cuando tenías seis años).

– La necesidad de una alfombra nueva es más importante que tu necesidad de ropa nueva para la escuela.

– La necesidad de la denominación de que un predicador viaje con los jóvenes es más importante que tu necesidad de que tu papá te arrope todas las noches.

– La necesidad del mundo de un evangelista es más importante que tu necesidad de un padre.

Como si eso no fuera lo suficientemente malo, cuando uno se queja por eso, algunas personas, incluso los propios padres, le llaman a uno egoísta e inmaduro. Así que aprendes a no quejarte

Tú aprendes a no necesitar. Tú lentamente fuiste anestesiado por la herejía y nunca volviste a despertar emocionalmente.

David Gatewood cuenta de otra vez cuando su familia vivía en Alemania justo después de la Segunda guerra mundial. Ellos vivían en un aeropuerto bombardeado en Frankfurt (un lugar muy espeluznante para un niño). El gobierno alemán les había dado una barraca modular y permiso para permanecer en el aeropuerto si podían hacerse cargo de aproximadamente diez a quince jóvenes nazis que vivían entre los escombros. Para alimentarlos, sembraron un jardín. Los jardines atraen a los conejos. Ellos comenzaron a criar conejos para comer también. Uno de los niños alemanes le dio a David un conejo para que fuera suyo. Conforme pasaba el tiempo, este conejo se convirtió en el mayor de la manada. A David todavía se le agolpa en el pensamiento la imagen de cuando llegó a su casa un día y encontró la piel del conejo colgando en el lado de su jaula. Las palabras de su papá todavía suenan en su mente: "Bueno, hijo, los jóvenes necesitaban comida. Esta es tu manera de dar para la obra de Dios". No hubo ningún reconocimiento del choque ni del dolor que David sintió, ninguna oportunidad para compartir sus sentimientos abiertamente. El mensaje fue claro: "Las necesidades de otros son más importantes que las tuyas ".

Es muy fácil para los padres, líderes de iglesias y miembros de la congregación, suponer que tú simplemente rendirás tus necesidades "por el bien del ministerio". Ellos también suponen que eso es lo correcto que tú debes hacer. Es verdad, algunas crisis no se pueden evitar ni planear . Algunas veces tus planes tienen que ser alterados o dejados a un lado. Por lo regular, esto sucede con más frecuencia en las iglesias más pequeñas. Pero cuando eso se convierte en un patrón, la herejía echa raíz en una tierra fértil. Una vez que las raíces están firmemente arraigadas, la herejía se convierte en un disco en el tocadiscos de tu mente para ser tocado una y otra vez.

Una sola herejía raramente se mantiene sola. Las parras de muchas herejías se entrelazan para formar un equipo en contra de tu mente y de tu corazón: "Tengo que ser perfecto y por lo tanto no debería tener necesidades". De todas maneras 'ya debía yo saber' cómo manejar mis problemas y no ser tan necesitado. Tener necesidades es un signo de debilidad o inmadurez espiritual. Y si algo de esto se sabe, yo puedo 'arruinar el ministerio de papá'. Así que ahí te encuentras, condenado si lo haces y condenado si no lo haces. Por cierto, esa es una herejía total en sí misma, con la que se tratará en el siguiente capítulo.

Algunas veces la combinación de herejías puede literalmente matar el alma. Amy me dijo que una vez ella y un muchacho estaban en una situación sexual que se puso fuera que control. Después de la experiencia penosa, ella descubrió que alguien había estado viendo el encuentro completo y procedió a chantajearla. Amy tenía mucho temor de decírselo a alguien porque "arruinaría el ministerio de papá" y porque no era "perfecta". Esto continuó por largo tiempo. Ella le dio lo que él exigía (sexo) y él la chantajeó por más. "Me maté ", dijo ella, "mis anhelos, a mí misma, mis sentimientos, para proteger a mi familia y a todos en la iglesia". Aquí está una chica que se permitió ser sexualmente violada, todo porque creía que las necesidades de otras personas, que le exigían que guardara las apariencias, eran más importantes que sus propias necesidades de seguridad y sanidad. Amy no está sola. Estas herejías no son solamente semánticas. Son reales y verdaderamente pueden dañar.

"Las necesidades de otras personas son más importantes que las mías" es una herejía a menudo predicada desde el púlpito, tal vez aún por tu propio padre. Pero sigue siendo herejía, a pesar del hecho de que puede tener tres puntos, un acróstico, una ilustración y una cita bíblica de referencia mencionada de vez en cuando. El jarabe del pecado no cambia mágicamente cuando uno cambia la etiqueta para que diga "jarabe con saborizante para la tos". ¡Te desafío a intentarlo alguna vez! Dar un biblicazo con un versículo a esta herejía no la hace diferente de lo que es: herejía. La verdad puede estar cerca, pero no en esa botella.

10 ESTOY CONDENADO SI LO HAGO Y CONDENADO SI NO LO HAGO

Mientras que la mayoría de las herejías mencionadas en este libro son mentiras que contienen un poco de verdad, esta declaración es mayormente una verdad que contiene sólo un poco de mentira. Piensa de nuevo. Muchas veces tú fuiste puesto en una situación de esto o lo otro.

O eres pan de Dios,

O eres un rebelde.

O estás de acuerdo con todo lo que papá dice y hace,

O eres percibido como que estás en contra de todo lo que él dice.

O eres un siervo,

O ellos te llaman egoísta.

O eres una piedra,

O eres un lugar duro. (¡Sólo estoy viendo si estás leyendo cuidadosamente!)

O estás totalmente de acuerdo con todo lo que la misión hace,

O eres un antimisiones.

Tú eres forzado a vivir una existencia de esto o lo otro. Siendo que ves más que los trabajos internos del ministerio, siendo que ves la brecha entre lo que los líderes dicen y cómo viven, siendo que sabes cómo es la gente en realidad, estás en un aprieto, un doble aprieto. Doble aprieto es un término técnico usado para describir una situación en la que se te presentan dos mensajes conflictivos entre sí. Sin importar a cuál le prestes atención, no haces caso al otro y pierdes. Aquí aparece el "condenado si lo hago, y condenado si no lo hago". Para algunos de ustedes con fuertes ataduras denominacionales, u oídos sensibles, son "condenado si lo hago, y condenado si no lo hago".

O… haces de caso que las cosas están bien y maravillosas cuando sabes que no es así. Tomas parte en hacer de caso que todo el liderazgo está bien, que todos son gallardos siervos cristianos y que tu familia es el ejemplo relumbrante de lo que debe ser una familia cristiana. Tú eres estereotipado como un pan de Dios, también conocido como "siervo".

El problema con esta opción es que es incorrecta, y tú lo sabes. Todos no están bien. El liderazgo no es perfecto y no siempre está sin reproche. Las cosas no fueron cómodas y agradables todo el tiempo. A ti no te gustaba eso de que vivir con papá es como vivir en el cielo, aún cuando la gente lo crea. Tú estás solo. Tú sí tienes heridas y medios. Pero estás atado por un voto de silencio y la incongruencia se yergue por dentro, junto con la tensión, la frustración, las necesidades no suplidas, el enojo, la ansiedad y la soledad.

La presión interna aumenta hasta que hace erupción. Tú sólo puedes fingir hasta cierto punto. Tú sólo puedes mantener la frustración embotellada hasta cierto punto. Puede salir con violencia. Muy probablemente, si escoges esta opción, saldrá en maneras sutiles. Tú te podrías volcar en la comida para castigarte o para curarte a ti mismo. Tú tratas de aliviar la ansiedad o la tensión comiendo. Tú ves la comida como un medio para arreglártelas. La verdadera dinámica de los desórdenes en la alimentación tiene lugar de una las siguientes maneras:

1) Sobrepeso u obesidad: Comes para tranquilizar la ansiedad. Comes para aliviar el dolor. Comes para no sentirte tan solo. Comes como una manera de volver el enojo hacia ti mismo. La comida se convierte en un amigo que siempre está ahí para ti. Nunca te rechaza ni te regaña. La comida puede ser una manera de curar el dolor o el enojo.

2) Bulimia o comilona y purga: Comes por las mismas razones mencionadas arriba, con la acción añadida de hacer que salga de nuevo. De esa manera tienes el consuelo de la comida, sin subir de peso. De esa manera, absolutamente nadie puede ver nada "inaceptable".

3) Anorexia: Dejas de comer y de subir de peso como la manera extrema de lograr control sobre tu vida

que está fuera de control. Añade la obsesión que nuestra cultura tiene con ser delgado a las presiones y ansiedades que implican la casa de cristal, y tienes la mezcla emocional mortífera necesaria para la anorexia.

Volvamos a Amy. La presión para ser perfecta, combinada con el dolor emocional de ser sexualmente explotada, tratar de mantener el secreto y la presencia constante del chantaje finalmente le ganó. No es de extrañarse que ella no pudiera fingir más. ¿Es una sorpresa que la supervivencia pataleara y que ella se aferrara desesperadamente a cualquier cosa que le pudiera ofrecer un sentimiento de control? La comida fue a lo que se aferró. Nadie la podría obligar a comer. Nadie podría controlar ese aspecto de su vida. Ésta estaba totalmente bajo su control. "Era mía , sólo mía ", dijo ella.

Si no fuiste capaz de escapar físicamente la tiranía del doble aprieto, pudiste haber tratado de escapar mentalmente. Tú "te saliste". Te perdiste a ti mismo soñando despierto, en la música o en las novelas. Tal vez no a propósito, pero escapaste, dentro de tu mente, a un mundo de fantasía. El razonamiento detrás de todo esto es sumamente sencillo. Si tú no puedes lidiar con las presiones y dolores del mundo real, y no puedes escaparte, te queda sólo una opción– crear un mundo no real donde las presiones y el dolor pueden ser ignorados. Tú creas un oasis mental, un tiempo fuera, un lugar seguro. O estás seguro o puedes simplemente quedar entumecido. No escapaste a un mundo de fantasía, sólo desapareció en un hoyo negro hacia la nada.

Escapar no está mal en sí (excepto cuando estás manejando). El escape se hace dañino cuando tú pasas más tiempo escapando que viviendo. Se hace dañino cuando interfiere con el mundo real del trabajo, la escuela, las relaciones o la motivación personal.

La fantasía se vuelve peligrosa y equivocada cuando involucra cualquier clase de fantasía sexual como pornografía (fuerte o suave), voyerismo, aventuras amorosas u otra clase de disfunción sexual. Platiqué con el Dr. Harry Schaumburg, autor de *Falsa Intimidad*, quien ha estado trabajando con adiciones sexuales por los últimos 18 años. Él fue misionero en Afganistán y por el presente trabaja con muchos líderes cristianos que padecen de adiciones sexuales de varias clases. Él dijo que es fácil progresar desde un mundo benigno de fantasías hasta un mundo de fantasía sexual. Después de todo, somos seres sexuales. La combinación de presiones, expectativas, la imagen de ser el "sanador" y el extraño aislamiento ("Soy diferente") inherente al trabajo ponen a los pastores, particularmente, en riesgo. "Es su riesgo ocupacional", dice él. "Es sólo mi intuición educada, pero pienso que los HP son más propensos a ser susceptibles a la pornografía que el niño común y corriente". Eso tiene sentido. Si las presiones y el dolor pueden llevar a un pastor adulto a crear un escape sexual, ¿cuánto más pueden esas presiones, expectativas y dolores absorber al hijo del pastor en un escape sexual malsano?

> **SABÍAS TÚ QUE**: En una encuesta entre pastores realizada en 1991, el 80 por ciento de los pastores practicantes opinaron que el ministerio les afecta negativamente a ellos o a su familia.

Si la hija del pastor puede mantener sus desórdenes con la comida bien escondidos, así también el hijo del pastor puede mantener sus fantasías sexuales escondidas. Gracias al Internet y a los números telefónicos "900", puedes tener acceso a cualquier cosa que quieras, y aún a cosas que no quieres, todo en la privacidad de tu propia casa u oficina. Nadie sabrá, ni siquiera tu cónyuge. Y es un camino a la destrucción. Aunque quiero reconocer que hay otros factores que contribuyen a atraer a los hombres a las fantasías y adicciones sexuales, detrás de todo está una urgencia para escapar: dolor, aislamiento o algo completamente diferente.

Estas son las opciones de "O". Cualquiera que elijas, pierdes.

O... hablas. Vas por tu propio camino. En un intento de romper el estereotipo de ser un pan de Dios, tratas de ser genuino solamente para encontrarte con que terminaste siendo otro estereotipo, el rebelde del pueblo. Puedo oírlo ahora.

- Bueno, sabes Marta, que él es el hijo del pastor.–

- "No es de extrañarse que se comporte tan incontrolablemente, Teresa.–

- Uy sí, bueno, me da lástima su madre. Tan dulce que es ella.–

Tú saltas de la sartén al fuego, de una mala etiqueta a otra. ¡Simplemente no puedes ganar! Aún si querías hacer lo correcto, aún si querías estar en el coro, la gente pensaría que sólo estás ahí porque eres el hijo del pastor. Tú no recibes crédito por ser tú mismo. Aún si quisieras hacer las cosas a tu manera, aún si quisieras ser genuino, la gente seguirá pensando que estás rebelándote sólo porque eres el hijo del pastor. Todavía no recibes ningún crédito.

"No puedo ganar, ¡simplemente no puedo ganar!"

Si tú vives con esto por largo tiempo, moldeará tus percepciones para que veas en blanco y negro.

- Aceptación o rechazo

- Ganancia o pérdida

- Amarlo todo u odiarlo todo

- Éxito o fracaso

- Bueno o malo

- Perfección o fracaso

- Ángel o demonio

No hay punto medio. No lo hay, ni para traer balance o realidad a tu visión del mundo. Esta es la dinámica exacta que atrapó a Julia, la HYM del lejano Oriente, que mencionamos en el capítulo uno. La agencia misionera, los amigos misioneros y aún sus padres la habían atrapado en su aprieto. Si ella se atrevía a hablar, se le daba una reprimenda y un regaño extraoficial . Si se mantenía callada, se destruía a sí misma silenciosamente de adentro hacia afuera. De cualquier manera, ella perdía.

He hablado acerca del sarcasmo en capítulos anteriores. (Tú habrás notado un poco de ello a lo largo de estas páginas también.) El génesis del sarcasmo surge de este doble aprieto. Por cuanto decir la verdad no está permitido, y mantener silencio no es totalmente posible, tú encubres la verdad en el sarcasmo. ¡Si tú no eres capaz de golpear al bravucón de la escuela, escupes en su cartón de leche cuando él no está mirando! Esta conducta se llama pasiva agresiva. El sarcasmo es la expresión pasiva agresiva del lenguaje. Al menos tú puedes desahogar algo de la información y sentirte parcialmente vindicado. Se vuelve en un mecanismo para hacer frente a las situaciones, una táctica de sobrevivencia, un intento de salirte del doble aprieto en el que te encuentras una y otra vez.

Notas:

1 1991. Encuesta de Pastores, Instituto Fuller de Crecimiento de Iglesias, como fue citado por H.B. London, Fr. y Neil B. Wiseman, Pastors at Risk, (Wheaton, IL.: Libros Victor, 1993), 30.

11 DIOS ESTÁ DECEPCIONADO DE MÍ

La conclusión lógica, después de que todas estas herejías han tocado en tu mente por tanto tiempo, es la obvia "Dios está decepcionado de mí". Por supuesto, porque tú:

- no eres perfecto.

- no sabes de antemano las cosas que deberías saber.

- sí tienes dudas.

- no estás lo suficientemente adelantado en tu viaje espiritual ni en tu fe.

- te enojas con Dios a veces.

- eres sarcástico acerca del liderazgo eclesial.

- sí tienes necesidades y quieres que sean suplidas.

- no siempre pones las necesidades de otros antes que las tuyas.

- sí careces de confianza, pero deberías confiar.

- ves todas las veces que has "estorbado" el ministerio de papá, y por lo tanto, el ministerio de Dios.

- finges, cuando sabes que Dios odia la hipocresía.

"Un Dios santo, puro, recto y justo tendrá que estar decepcionado de mí". O al menos eso es lo que tu tocadiscos te dice.

En mi práctica de consejería trabajé con una HP que estaba literalmente aterrada de Dios. Ella temía que Él la golpearía por cualquier cosa pequeña que no fuera exactamente perfecta. Peor aún, Dios la golpearía por ser una "chica mala". Al menos así es como ella se veía a sí misma. Ella seguía haciendo todas las cosas espirituales correctas, asistiendo a la iglesia, estudiando la Biblia...todas esas cosas. Lo que ella no hizo fue acercarse a la persona de Dios, ni permitirle a Él acercarse a ella. Ella no está sola, aunque hagamos un gran esfuerzo con la imaginación.

En medio del temor y la preocupación tú, como ella, puedes hacer las cosas correctas. Teológicamente, sabes que Dios no es el problema aquí, así que el problema debes ser tú. Tú simplemente careces de esfuerzo. Estás descuidado en tu disciplina. Tu fe es débil. Así que tratas más y más de complacer a Dios. Tratas de hacerlo feliz y cómodo al igual que pasas la vida tratando de hacer a la gente feliz y cómoda.

Te mantienes ocupado tratando de mantenerte un paso adelante del desprecio de ti mismo y de los sentimientos fuera de control que te pisan los talones. Hasta puedes desarrollar conductas y patrones de pensamiento obsesivascompulsivas.

Intentando...

Intentando...

Intentando hacer lo suficiente para complacer a Dios y para que ya no esté decepcionado de ti.

Los HP son "i-n-t-e-l-i-g-e-n-t-e-s". Si esta es tu visión de Dios, sabes que no debes permitirle acercarse a tu corazón. Harás lo que puedas para mantener lo que tú consideras que será una distancia segura de Dios. Tú puedes decidir deshacerte de Dios. Tirar al bebé (Dios) con el agua del baño (las reglas de la iglesia). No más fingimiento. No más vivir de la manera en que "ellos" esperan que tú vivas. No más interés en confiar en Dios. No más vida espiritual dentro de sí mismo tampoco. Tú saliste por las puertas sagradas y nunca miraste atrás. Tu disco no es "Dios está decepcionado de mí". Tu disco es "Dios es una decepción para mí". ¿Cómo puede Él llamarse a sí mismo recto y tolerar toda la basura que viste suceder tras bastidores?

¿Cómo puede Él decir que le importa y no poner fin al abuso que tú recibiste a manos de papá el pastor?

¿Cómo puede Él decir que lo controla todo cuando Él ni siquiera interviene para detener el abuso sexual que te traumatizó a ti?

¿Cómo puede?

Tú concluiste o que su manos estaban atadas o que Él realmente no podía preocuparse por ti .

De todos modos, a ti ya no te importa.

Tú sabes todos los patrones de las frases cristianas gastadas. Esas frases son demasiado superficiales para responder a las preguntas que tú estás realmente haciendo. "Así que", te dices a ti mismo "¿para qué intentar más?" te alejas de la iglesia organizada y de Dios también.

Si tú te mantienes corriendo en la rueda del laboratorio o si escoges alejarte, eres tú el que pierdes. Todavía caminas por ahí con un corazón lastimado y herido. De cualquier manera, la herejía gana y tú pierdes. "Así que, ¿qué más hay de nuevo?", susurra una voz, "siempre ha sido todo así".

Si las historias que he compartido en los pasados nueve capítulos te parecen extremas, ¡siéntete bendecido! Está consciente de que las experiencias suaves, tanto como las traumáticas, pueden engendrar herejías santas. Si la historia de tu vida puede hacer que una película de horror parezca como un episodio de "Leave it to Beaver", realmente lo siento. Con toda intención me he refrenado de compartir historias más traumáticas que éstas para esquivar cualquier acusación de que estoy tratando de ser sensacionalista. Literalmente, lo he oído todo. Cualquiera que sea la mezcla de lo bueno y lo malo que tú experimentaste como HP, espero que te puedas beneficiar de algo de lo que he compartido.

Parte 3

Ahora
¿Cuál es la solución...
sinceramente?

Dolor sincero...sanidad sincera

12 VALORAR EL DAÑO

El primer paso en el proceso de sanidad es evaluar la situación, tomar inventario de lo que está mal y determinar cómo puede ser remediado. Si todavía no has hecho eso, date permiso oficial para pensar, para sentir y para hablar. Escucha el otro lado de lo dicho con "y". Escucha más allá de las repuestas de rigor. Mi esperanza es que hayas estado haciendo esto mientras lees.

CONGELACIÓN: Sanar las heridas de tu corazón es muy parecido a la congelación que yo experimenté después de una escalada particularmente desafiante y peligrosa. Tan pronto como los dedos se adormecen, no se siente ningún dolor. Todo se siente "bien". La negación resulta, y resulta bien. Al menos no se siente ningún dolor. Por eso la usamos. Eso no quiere decir que todo está "bien" de verdad, es sólo que no se puede sentir el quebrantamiento así como con los dedos. Cuando los tenía congelados, yo no sentía ningún dolor y podía tolerar cortaduras y las rocas que caían sin siquiera acobardarme. Pero este congelamiento me estaba haciendo daño. Cuando comencé a descongelarme las manos y los pies en la bañera, en la seguridad de mi casa, entonces sí que comencé a sentir el dolor, intensa y profundamente. Esto es por lo que la gente elige mantenerse adormecida y en negación - duele demasiado ver la verdad claramente. Duele demasiado descongelarse. Quisiera que hubiera una manera más fácil, pero la única manera para la sanidad es a través del dolor.

Ahora, es el momento para tu chequeo. Veamos cuántas herejías se han infiltrado en tu pensamiento. Veamos si hay algún adormecimiento o congelación en tu corazón. He resumido las nueve declaraciones de las herejías santas en la siguiente página. Marca cuán correctamente describen tu pensamiento, si lo has verbalizado o no. Marca el número más alto que describe cómo piensas ahora o has pensado en el pasado.

LAS HEREJÍAS SANTAS QUE LOS HP/HM A MENUDO DESARROLLAN

Haz tus marcas usando esta escala:

1 = No verdadero en absoluto

2 = Algo verdadero

3 = Verdadero en su mayoría

4 = Casi siempre verdadero

1 2 3 4   1) "Tengo que ser perfecto". Creo (o se me dijo) que "la imagen lo es todo". Fui sostenido como un ejemplo a seguir por otros.

1 2 3 4   2) "Ya debía yo saber". Creo que nací maduro y que yo debería estar más adelantado de lo que estoy ahora.

1 2 3 4   3) "Estoy aquí para otros". Parece que mi trabajo es hacer que otros se sientan cómodos.

1 2 3 4   4) "Soy diferente". Parece que yo vivo con un grupo de expectativas y reglas diferentes a las de los demás.

1 2 3 4   5) "No puedo confiar en nadie". Yo sé cuáles son las personas y las iglesias que en realidad están bajo la superficie y no confío en ellas.

1 2 3 4   6) "Yo puedo arruinar el ministerio de papá". Se me ha dicho esto o lo he sentido a menudo.

1 2 3 4   7) "Las necesidades de otros son más importantes que las mías". A menudo pienso que mis necesida- des son menos importantes que las de otros. Siento que los demás están más lastimados que yo y que necesitan el tiempo y la energía de papá o de Dios más de lo que yo los necesito.

1 2 3 4   8) "Estoy condenado si lo hago, y condenado si no lo hago". Me siento atrapado. No hay punto medio. Creo que tengo que estar completamente a favor de todo o soy un antiministerio.

Me encuentro a mí mismo sarcástico y cínico.

1 2 3 4   9) "Dios está decepcionado de mí". No soy perfecto y siento que debería serlo. Siento que estoy viviendo una mentira al fingir y sé que Dios odia las mentiras y el fingimiento. Me enojaría con Dios, pero eso no está permitido. Algunas veces siento como si Él me odiara porque a menudo creo que soy "malo".

FUERZAS DE IMPACTO EN LOS HP/HM

Completa la siguiente hoja de trabajo. ¿Cómo calificarías estas fuerzas en tu vida? ¿Qué porcentaje asignarías a cada categoría en la columna de la izquierda en términos del impacto relativo en tu vida? "Otros" es una categoría que lo abarca todo, en el caso de que algo no encaje en las tres categorías mayores. Los cuatro números a la izquierda deben totalizar 100 cuando hayas terminado. Luego toma los porcentajes de la izquierda en cada categoría y distribuye el total en lo que tú describes como "buen" impacto o "mal" impacto. Los dos números (bueno y malo) deben sumar al número correspondiente inmediatamente a la izquierda. ¡Sé bueno y dí la verdad ahora!

[ ] Familia   [ ] Lo bueno   [ ] Lo malo

[ ] Comunidad cristiana [ ] Lo bueno   [ ] Lo malo

[ ] Cultura(s)   [ ] Lo bueno   [ ] Lo malo

[ ] Otras cosas   [ ] Lo bueno   [ ] Lo malo

100%

NOTA APARTE (¡Me gustan estas desviaciones!): En la investigación que he estado realizando entre los HP y estas fuerzas de impacto, la mayoría de los HP han calificado a su familia y a las comunidades eclesiales como las de mayor impacto bueno que tienen en ellos. Eso parece bien, y de primera (términos profesionales de investigación, ¡ya lo sabes!), pero esos mismos respondentes también mostraron signos de herejías santas en su sistema de creencias. No soy un científico espacial, pero algo no suma bien aquí. ¿Cómo podría toda la música de la vida haber estado bien, y aún así resultar en discos torcidos? No todo esto se puede culpar en la cultura ("el mundo", como se le llama en el púlpito). ¿Están todavía guardando secretos? ¿Es una respuesta condicionada? ¿Dieron la repuesta "correcta" sin pensarlo? Todavía no lo sé.

¿Aprobaste o reprobaste ? ¡Es broma! No hay "reprobados". Sólo un cuadro de marcador para ayudarte a decidir qué acción tomar basado en tus respuestas anteriores .

Suma los nueve números que marcaste a la izquierda de cada declaración.

Por cada "3" que marcaste , añade 2 puntos

Más 2X _____ = _____

Por cada "4" que marcaste , añade 5 puntos

Más 5X_____ = _____

TOTAL DE PUNTO = _____

Nota cada respuesta que marcaste "3" y "4". Tú necesitas trabajar individualmente en cada una de estas herejías, sin importar la marca TOTAL ni la categoría a continuación.

Si tu marca TOTAL fue entre 9 y 18: Tu tocadiscos en

general está en buenas condiciones. Vé y recoge flores o infla un globo y dáselo a alguien. Suponiendo que fuiste sincero contigo mismo, has resistido los riesgos ocupacionales de ser un HP de buena forma. Tienes mucho por lo cual estar agradecido.

Si tu marca TOTAL fue entre 19 y 27: Tú tienes algunos discos torcidos que necesitan seria atención. Examina esas conclusiones defectuosas y cómo corregirlas con la verdad. Leer libros de superación personal y mantener un diario son buenos primeros pasos. Puedes cortar flores, pero deja el globo a un lado hasta que hayas terminado la lectura. Mira la lista de lecturas sugeridas en el apéndice. Hablar con un amigo de confianza puede ser muy benéfico también.

Si tu marca TOTAL fue entre 28 y 44: Tú necesitas ayuda externa. La lectura y el diario pueden ayudar, pero debido a que las herejías son profundas y penetrantes, tú necesitarás la ayuda de un amigo de confianza sabio que te pueda ayudar a encontrar la verdad y a recordarla. Si quieres cortar flores, adelante. Pero manténte pensando, leyendo, manteniendo un diario y conversando conforme las cortas.

Si tu marca TOTAL fue entre 45 y 81: Tú necesitas buscar ayuda profesional. Estás en problemas serios, aún cuando no lo sientas así. Olvídate de recoger flores, pasa un tiempo escogiendo a un buen consejero. Leer, mantener un diario y hablar con un amigo no va a ser suficiente para juntar todas las piezas rotas. Pon el globo en tu bolsillo. Será un buen recordatorio de que ¡toda la vida no es trabajo ni sanidad!

Si a ti te interesa ayudarme con la encuesta nacional en la que estoy trabajando, llena la información demográfica que se presenta a continuación. Envía por correo tus respuestas sobre las Herejías santas y las Fuerzas de impacto, junto con las cosas demográficas a:

Timothy L. Sanford, M.A.

5526 N. Academy Blvd., Suite 206

Colorado Springs, CO 80918

Las cosas demográficas

Marca uno: ___HP ___HM

Hijo de ayudante de iglesia _____

Edad: _____

Edad que tenías cuando tus padres comenzaron el ministerio: _____

Número de años como HP/HM ___ Femenino/Masculino ___ (marca uno)

Edad cuando dejaste tu hogar ___ o cuando tus padres dejaron el ministerio _____

Número de hermanos y hermanas _____

Tu lugar en el orden cronológico de nacimiento _____

¿Estás en el ministerio ahora? Sí __ No __

> **POR FAVOR, AYUDA**: Hay otra encuesta en el apéndice. Saca copias de ella y dásela a cualquiera y a todos los HP/HM adultos que conozcas. Aunque esta encuesta jamás ha tenido la intención de ser una pieza oficial de

investigación, sí ayuda a los que como yo, trabajan con HP/HM.

También puedes usar esta encuesta para ti mismo… ¡en caso de que no hayas llenado la tuya perfectamente! "¡La pulcritud es lo que sigue a la piedad!", es lo que la gente siempre dice.

PARA LOS CURIOSOS: ¿Cuán "normal" eres tú? Los resultados de la encuesta preliminar llevaron a los siguientes descubrimientos:

23% de todas las respuestas fueron marcadas como "Casi siempre verdadero".

20% de todas las respuestas fueron marcadas como "Verdadero en su mayoría".

Eso dejó 43% de todas las respuestas marcadas ya sea como "Casi siempre verdadero" o "Verdadero en su mayoría".

16% de las personas que respondieron a la encuesta tuvieron más de cinco respuestas "Casi siempre verdadero". Esto significa que más de las herejías santas están presentes en su tocadiscos en un nivel profundo y poderoso.

43% de las personas que respondieron a la encuesta están ahora en el ministerio. Me imagino que es difícil dejar la carrera de ratas, ¿no?

En contraste con la notoria presencia de las herejías en el pensamiento de los que contestaron, la encuesta indicó que:

77% del impacto de la familia era positivo, "lo bueno".

63% del impacto de la comunidad eclesial era positivo.

64% del impacto de la cultura era positivo.

Algo no suma bien aquí. ¿Cómo puede ser que 43% de las respuestas fueron marcadas "Casi siempre verdadero" o "Verdadero en su mayoría", cuando 70% del impacto fue marcado bueno? ¿Qué está mal con estos resultados? No estoy seguro todavía. Mi suposición es que (1) las fuerzas de las familia, comunidad y cultura tienen una parte mucho mayor en nuestra vida de lo que nos damos cuenta y (2) hubo más "mal" impacto del que nosotros queremos, nos atrevemos a o sabemos cómo, ver. Es demasiado rápido para llegar a conclusiones definitivas, pero el patrón ha sido consistente desde el principio.

En este punto, tú tienes ciertas opciones basado en los resultados de la prueba que tienes frente a ti. Si necesitas hacer algunos cambios, no hay mejor momento para empezar que ahora mismo.

La lección número uno es la que aprendí hace muchos años en el campo de fútbol de la preparatoria. Creo que es una lección que será muy apropiada ahora también, el dolor no es el enemigo.

A mí no me gusta el dolor. Yo no estoy buscándolo. Pero tampoco es el enemigo. No debe ser evitado a toda costa. ¡Créeme, yo lo evito cuánto puedo! Pero a veces lo que yo quiero y necesito está al otro lado del dolor. Para llegar ahí, tendré que sentir el dolor por un rato.

Las viejas máximas que mis entrenadores me gritaban (¡mientras me moría durante las carreras rápidas!) regresan a mí para atraparme.

"¡Sin dolor, no hay ganancia!"

"¡Sin esfuerzo, no hay crecimiento!"

¡Yo los odiaba por decir esas cosas! ¡Especialmente cuando ellos se quedaban parados tomando limonada fresca y masticando semillas de girasol! Hay verdad aquí, aún cuando no estés en el campo de entrenamiento.

Un HP a quien daba consejería en mi práctica privada ofreció comprar un anuncio para mi puerta que dijera: "Cámara de tortura". Esto da una fuerte indicación de la verdad que hay en ello, pero sería terrible para mi imagen y no muy bueno para el negocio. El dolor no es el enemigo; la ignorancia, la negación y la preocupación sí lo son.

13 DEJAR QUE SIGA EL VIAJE

El viaje sigue porque, si tú todavía estás conmigo, ya estás en camino fuera del laberinto de las ratas. La sanidad y el proceso de maduración no son tan simples como la composición de un sermón para el domingo por la mañana: historia de introducción– tres puntos principales– una ilustración– un llamado al altar-una oración para clausurar. Pero de cualquier manera, sí sigue un patrón.

1) Te das cuenta de cada conclusión defectuosa bajo la cual has estado viviendo– las herejías santas u otras.

2) La llamas por su nombre, una mentira. Admites el error o el error parcial de tu pensamiento. Admites que ha torcido un disco o dos.

3) Luego vas buscando cuál es la verdad, eso que es más acertado que la conclusión a la que ahora te sujetas como a la verdad.

4) Una vez hayas encontrado algo más acertado y verdadero, haces una nueva grabación. Estableces una nueva declaración de creencia para tratar con el asunto a mano.

5) Por último, haces el cambio. Con disciplina y determinación, te comprometes con el duro proceso mental de detener el disco viejo para que no toque mientras comienza el nuevo.

Date por enterado de posibles conclusiones defectuosas.

El obstáculo más grande para superar es la falta de conciencia. Tú no tienes manera de evaluar ni cambiar algo que ni siquiera sabes que existe. Si fueras a meterte en una pelea callejera con los ojos vendados, seguramente perderías. También debes tener disposición para abrir al escrutinio las conclusiones que han estado contigo por tanto tiempo. Como ves, tú descubrirás que muchas de tus conclusiones son correctas y buenas. ¡Grandioso! Guárdalas. Si tu automóvil tiene mal alineamiento en la parte delantera, no lo venderías todo como chatarra. Tú tienes un buen vehículo, con un pequeño problema de alineamiente. Conserva el carro, arregla el alineamiento y sigue por tu camino de nuevo. Lo mismo es verdad cuando miramos tus patrones de pensamiento. Conserva las cosas buenas, los discos buenos, las buenas conclusiones a las que has llegado y arregla las pocas cosas que necesitan trabajo.

Un descuido común cuando se mira el pasado y el presente es enfocar todo si poner atención a lo malo que haya sucedido para causar dolor y pensamiento defectuoso. Las conclusiones defectuosas sí provienen del dolor de las malas experiencias. También provienen de experiencias cuando las cosas buenas no sucedieron. Recuerda, como vimos en el capítulo cinco, yo puedo matarte con una pistola (al hacer algo "malo"). También puedo matarte de hambre (al no hacer algo bueno). Está alerta a la presencia de las experiencias dañinas, tanto como a la ausencia de las experiencias nutrientes.

Llámalo por su nombre

Si los discos en tu tocadiscos son correctos y verdaderos, ¡grandioso! Púlelos, guárdalos de nuevo y escucha la música. Si un disco o dos están torcidos, dilo. Cuando tú finalmente admites la verdad, eres liberado para crecer y para hacer los cambios necesarios. Casi suena bíblico, ¿no? "Conoceréis la verdad, y la verdad os hará libres" (Juan 8:22). Negación es el término terapéutico empleado para negarse a llamar una cosa por su nombre. La negación significa que tú estás consciente de que algo está mal (paso uno), pero te niegas a reconocer que existe.

Busca lo que es verdadero y correcto

Este es el Departamento de Investigación y Desarrollo del proceso. Cuanto más tiempo pases en la casa pastoral o en el campo misionero, más sabrás de los patrones de las frases cristianes gastadas y sus respuestas. Pero, ¿cuál es la verdad? ¿Cuál es una conclusión más correcta al respecto?

¿Qué es realmente verdadero, ya que se sienta así o no?

En esta fase del viaje, tú necesitas información externa. Necesitas saber más de lo que sabes. Lee. Platica con otros en quienes confías. Haz preguntas. Prueba lo que oyes. Pon a prueba lo que has creído por tantos años. ¿Da resultado en el mundo real? ¿Es consistente? ¿Es siempre verdadero? Sí, y regresa a las Escrituras para ver si los versículos por los que te ganaste todas esas estrellitas por memorizártelos son en realidad verdaderos y confiables.

Haz una nueva grabación

Toma nuevos datos y formula una declaración corta. Haz una nueva grabación. Escríbelo en tus propias palabras, palabras que tengan sentido para ti. Ponlo en una tarjeta y llévalo contigo si lo necesitas. Yo he personalizado muchos versículos bíblicos, como si Dios mismo estuviera hablándome a mí directamente y con mis circunstancias reales en mente. De alguna manera necesito un camino para que las palabras pasen del papel a llegar a ser carne y hueso. Conforme he hecho esto con versículos durante los años, mi "relación personal" con Dios se ha hecho más personal y tengo más relación. ¡Qué concepto!

Haz el cambio

Tú encontrarás que los viejos discos mueren con dificultad, aún cuando ahora puedes diferenciar entre la verdad y la mentira. Cuanto más viviste con los discos viejos, más te tomará para reafinar tu oído con la verdad. Con los años, tu tocadiscos se ha ajustado a los discos torcidos. Así también, tu conducta se ha ajustado a la presencia de las herejías. Se tomará tiempo y energía para que las cosas regresen al punto de balance. Sé paciente y necio. La necedad es buena en este caso. Te ayudará a pasar por este difícil tiempo de cambio. Tu mente todavía por costumbre irá automáticamente a los viejos discos, a las viejas conclusiones, a las viejas emociones. Es un hábito. Es familiar. Es "familia" para tu pensamiento. Tú puedes correr el viejo laberinto de las ratas con los ojos vendados, con un pie amarrado a la espalda y ¡aún así batir el récord! Ahora

Tengo que ser perfecto

el laberinto está cambiado y tú tienes que pensar. Ahora tienes que hacerlo de manera diferente. Ahora necesitas cambiar. Con el nuevo disco de la verdad, tendrás que conscientemente escoger hacer el cambio del disco viejo al nuevo, al menos por un tiempo.

Nunca me ha gustado llegar tarde. Odio llegar tarde a cualquier lugar. ¡Este es un giro extraño para alguien que fue criado en una cultura latina! Hace muchos años, me volví consciente del disco "detrás del" por qué odio llegar tarde. Me aferraba a la conclusión de que "la gente competente nunca llega tarde". Me parecía bien. Si fueras realmente competente, habrías calculado suficiente tiempo para llegar allá, ¿correcto? ¡Tiene sentido para mí! El ser competente era lo mismo que ser perfecto. Se tomó muchas semanas para que este disco se limpiara lo suficiente como para que yo lo llamara tal como debía ser llamado. Está cerca de la verdad, pero no del todo. En este punto, yo tuve que volver a pensar mi definición de competente. Tuve que buscar una definición más certera de lo que en realidad es ser competente. No está basado en ser puntual. Conozco a personas competentes que a veces llegan tarde. Tuve que hacer una nueva grabación que era algo parecido a esto: "Soy una persona competente, aún cuando llegue tarde". Me sonaba sin significado al principio, pero con el tiempo probó ser más verdadera que la anterior grabación. Lentamente el cambio ocurrió en mi pensamiento. Todavía me esfuerzo por llegar a tiempo, pero no me apaleo si llego un poco tarde. También soy más tolerante con otros cuando llegan tarde.

Se calcula que se toman 30 días para formar un nuevo hábito. Tiene sentido que se tome más para romper uno. Para romper con las viejas conclusiones y enfocarse en las nuevas, te tomará un mínimo de dos a cuarto meses. En cierto punto, no obstante, las nuevas grabaciones se convertirán en algo automático, la opción por defecto, finalmente. Sinceramente, sucederá. Conforme esto suceda, tú realmente te vuelves libre. Tú puedes notar o no el cambio, pero vendrá. Sé paciente. Sé necio. Conforme los viejos "discos torcidos" (las herejías) sean destruidas y reemplazadas por los "nuevos lanzamientos" (la verdad), ¡se convertirán en música para tus oídos!

> "Bueno, ya que estás ahí adentro, cambia la aguja también, ¿vale?"

Los siguientes capítulos tratan con áreas específicas del viaje de sanidad que acontecen a muchos HO en la búsqueda de sanidad y libertad de estas herejías. Los asuntos de perfeccionismo, ansiedad, perdón y una búsqueda sincera de Dios no son únicas de los HP, pero los HP son a quienes no les es permitido tener conflicto con estos asuntos. Además, ¿por qué necesitarías tú tener conflicto? ¿No vivías en la casa más piadosa del pueblo? ¿No tienes una línea directa con Dios? Seguramente que no deberías tener conflicto con nada.

> "¡Ya es suficiente, Elmer!"

14 LIDIAR CON EL TIRANO "DEBERÍA..."

El perfeccionismo es más sutil que sólo tener cada cosa en su sitio. Ser perfeccionista o no no es siempre algo decidido por el orden en que está tu guardarropa. El pensamiento perfeccionista no está solamente basado en lo perfectas que quieres que sean las cosas sino en cómo crees que deberían ser. El perfeccionismo se trata, en parte, de patrones de pensamiento profundamente asentados (¿recuerdas la ilustración del tocadiscos?) que mantienen una visión concisa y rígida de cómo las cosas deberían ser para que sean hechas bien. Hay una manera de hacer las cosas y tú deberías hacerlas de esa forma.

¿Por qué?

"Porque esa es la forma correcta de hacerlo".

¿Quién lo dijo?

"Ellos lo dijeron…y yo no debería cuestionarlos a ellos".

Las frases de "debería" han saturado este libro, principalmente porque han saturado muchos tocadiscos de HP. Es una manera de pensar peligrosa. Yo con seguridad tendría razón al decir que entre más discos de deberías tengas , más ansioso, enojado y/o deprimido eres. ¿Por qué? Por varias razones.

No hay opciones

El pensamiento de debería te deja sin ninguna opción viable. O lo haces de la manera en que deberías, o estás equivocado. Fracasaste. Es esto o lo otro para ti. Si haces cada cosa de la manera en que deberías, tienes éxito. Y después de todo, deberías hacerlo de la manera de "debería".

Si lo haces de cualquier otra forma,has fracasado,lo que te convierte en un fracaso…y en un pelmazo. Con la grabación del debería, no tienes opciones reales.

No hay elección

Si no tienes opciones, el resultado obvio es no puedes elegir. Tienes que hacerlo de la manera en que deberías. Tú simplemente tienes que hacerlo así.

- A ti te tiene que gustar la iglesia, porque a ti debería gustarte.

- Tienes que estar lleno de sonrisas, porque tú deberías estar "viviendo victoriosamente".

No hay opciones, no hay elección. Tú eres sólo un siervo de un tirano que está invisiblemente enseñoreándose de ti y sacudiendo un dedo pseudodivino para regañarte.

- "Tú deberías ser más agradable con ella".

- "¡Tú no deberías estar tan enojado con Dios!"

- "Tú deberías ser más maduro".

- "Tú no deberías tener conflicto con las cosas difíciles con las que creciste ".

- "Ellos sólo deberían reponerse y madurar".

- "Tú no deberías necesitar ayuda".

- "Tú deberías ser más fuerte"

Condenación y temor

Los tiranos imponen sumisión usando condenación y temor. Los deberían no hacen menos. Cada una de las declaraciones de la lista de arriba está completa a la mitad. La parte de la lista es lo que podrías oír y/o decir. La segunda mitad raramente se verbaliza, no obstante está presente. Escucha otra vez algunas de ellas.

- "Tú tienes que amar a toda la gente… pero no lo haces…¡tonto!"

- "Tú no deberías estar tan enojado con Dios… pero lo estás ¡bárbaro, pecador, vergüenza del pueblo!"

- "Tú no deberías luchar con las cosas dificiles con las que creciste … pero lo haces… ¡culpador !"

- "Ellos sólo deberían reponerse y madurar… pero ellos no lo hacen… ¡bebés!"

- "Tú no deberías necesitar ayuda. Deberías ser más fuerte…pero la necesitas, y no eres fuerte… ¡flojo, enclenque!"

Confrontación: Por cierto, ¿quién te hizo a ti Dios? ¿Quién los hizo a ellos Dios? ¿Quién les dio a ellos o a ti el poder para decidir lo que se debería hacer, lo que se debería decir o lo que se debería seguir? ¿Cómo llegaste tú a saberlo todo y a decidir cuál es la única forma correcta de hacer todas las cosas? ¿Quién te hizo a ti Dios? ¿Quién los hizo a ellos Dios?

Dondequiera que hay un "debería", hay un juicio, un dictamen al final. Si tú vives con el tirano de los "debería", te convertirás en un experto en el desprecio de sí mismo. Si pones a otros bajo el mismo yugo del pensamiento de "debería", hervirás con desprecio hacia otros.

Si tú tienes que comportarte exactamente en la forma en que deberías, corres un alto riesgo de no cumplir exactamente de la manera correcta, cada vez, con todas las cosas. De modo que la mayoría de tus elecciones llegan a ser una confrontación entre el éxito y el fracaso, entre ganar o perder, entre vivir o morir, entre deber o pecado. Esa alta probabilidad de imperfección se presta para desarrollar ansiedad y preocupación.

"Yo debería ser más agradable".

"Pero ¿qué si no lo soy?"

"¿Qué si a mí realmente no me importan ellos?"

"Pero me deberían importar".

"Pero ¿qué si a mí realmente no me importan?"

"¿Qué si Dios está oyendo todo esto?"

"¿Qué si Él me odia por pensar de esta manera?"

"¿Qué si...?"

Trataremos con romper el ansioso pensamiento de "qué si" en el siguiente capítulo, pero aquí tú necesitas purgar tu tocadiscos de las conclusiones de "debería", los "debería" que suenan tan espirituales, pero que no lo son.

Pero suenan bien. Suenan verdaderos.

No son correctos.

Pero deberían ser correctos, ¿o es que no deberían? Después de todo, los saqué directamente de la Biblia, ¿o no?

Yo no creo que todo es relativo y sujeto a debate basado en las conclusiones personales. No estoy diciendo que es sano "creer lo que quieras creer, siempre y cuando seas sincero". (Más negadores para mantener contentos a los teólogos entre nosotros.) Las Escrituras están claras. Hay declaraciones de "harás" y de "no harás". Hay asuntos clave que no piden disculpa ya sea para bien o para mal. Pero Dios nunca ha forzado a la humanidad, ni a ningún individuo, a la obediencia. Dios nunca ha decidido por la gente. Él no decidió por Adán y Eva; Él no decide por ti. Dios establece lo bueno y lo malo. Establece las consecuencias y las recompensas para cada uno. Él claramente te anima a ti a que decidas lo correcto. Pero Él nunca pasa sobre ti ni te manipula para que se te comportes de cierta manera.

"Bueno, Sr. Sanford, yo creo en la predestinación. Yo creo que es Dios quien escoge".

"¡Qué predestinación ni qué nada! Nosotros

escogemos a Dios. Él no nos escoge a nosotros. ¿No es verdad, señor autor?"

"¡Oh, déjelo en paz, él no está hablando de la "fe para salvación", él está hablando de cómo llevamos nuestra vida diaria!"

El libro de Proverbios expresa claramente los caminos de la sabiduría. Salomón tampoco vacila en hablar de la responsabilidad de escoger. Algunos escogerán la sabiduría, otros la insensatez.

"Pero deberíamos escoger lo correcto, ¿no es así?"

"Si queremos llamarnos cristianos, tenemos que escoger la sabiduría, ¿correcto?"

"¡Estoy perdido!"

Si los patrones de pensamiento de debería son inexactos, ¿qué es mejor? ¿Qué es más correcto y verdadero?

"Creo que él debería explicar las cosas de mejor manera, Rudy, él no debería tratar de confundirnos así".

"Tienes razón, Benita, ¡él tendrá que darle más sentido que esto si es que quiere convencerme de cómo yo debería cambiar mi pensamiento!"

Espero que de todo esto tú puedas comenzar a oír la manera en que se forma el pensamiento de "debería". Es sutil, y a menudo es una parte tan clara de tu pensamiento que ni siquiera te das cuenta de su presencia. Pero el pensamiento de debería es peligroso. Sea que estés o no convencido, sigue leyendo. Los tiranos no se rinden. Algunos tiranos gastan mucha energía tratando de convencer a los siervos de su absoluta dependencia en ellos. Pero los "debería" pueden ser cambiados a lo mejor.

Otra vez, es cosa de cambiar la mentira por la verdad.

- LA MENTIRA: "Yo debería…"

- LA VERDAD: "Yo podría…"

"Me gustaría…"

"Yo decido…"

Antes que pienses que simplemente estoy jugando un estúpido juego psicológico de palabras, analízalo. Mira si encaja con las declaraciones hechas anteriormente. Mira si las declaraciones siguen siendo ciertas. Mira si los "podría" son más correctos que los "debería".

- LA MENTIRA: "¡Tú no deberías estar tan enojado con Dios… pero lo estás… bárbaro, pecador, hez del pueblo!"

- LA VERDAD: "Yo podría estar enojado con Dios, si yo quisiera… desearía que no fuera así".

Es verdad, tú podrías estar enojado con Dios. Tú estás enojado, y ¡todavía estás vivo también! Tú puedes estar enojado. Tú todavía podrías querer estar enojado, pero desearías no estarlo. La opción es tuya, la decisión es tuya, sin el desprecio a ti mismo ni la condenación de Dios. Mira otra declaración:

- LA MENTIRA: "Ellos deberían reponerse y madurar… pero ellos no quieren… ¡idiotas!"

- LA VERDAD: "Yo desearía que ellos se repusieran… yo podría ayudar, o podría simplemente ignorarlos".

Sí, a ti te gustaría que ellos se repusieran de lo que sea

que "eso" es. Ese es tu deseo y tu opinión. Tú también puedes tener opiniones y deseos, tú lo sabes. Ellos podrían reponerse; ellos podrían solamente quejarse y gimotear. Eso depende de ellos. Ellos escogen. Escoger hacer lo que sea necesario para "reponerse" sería más sabio, pero ellos podrían y pueden escoger ser insensatos y actuar como víctimas. Tú, por otra parte, podrías ofrecer ayuda, o podrías decidir que lo mejor es mantener tu distancia. No hay una sola forma correcta en la que esta situación debería ser manejada.

Este ejemplo añade otra dimensión a las relaciones interpersonales. Si tú tiendes a vivir por los "debería", es más probable que trates de hacer que los demás vivan bajo la misma lista de "debería" o "no debería". La miseria ama la compañía. Si tienes que ser un siervo afanándote todo el día en la suciedad, no hay sentido en permitir que otros vayan a la ópera de la tarde. Tú te vuelves muy crítico, exigente, degradante y condescendiente. Quizás no piensas que lo eres. Me pregunto, ¿qué contestarían los que son cercanos a ti?

No es un juego de palabras. Cuando cambias los "debería" en podría, te das a ti mismo opciones.

> Cuando tienes opciones, opciones reales, tienes elección real.
>
> Cuando puedes elegir, tienes libertad.
>
> Cuando tienes libertad, tienes la responsabilidad que conlleva a la elección.
>
> Algunas veces esa responsabilidad se resume a escoger entre la sabiduría y la sensatez.
>
> No obstante, la mayoría de las veces, es un asunto de escoger de entre muchas opciones donde

todas tienen una parte de elementos positivos
y negativos. Tú eres libre de usar el cerebro que
Dios te dio para escoger libremente.

Si tú escoges la insensatez sobre la sabiduría, cosechas
las consecuencias que Dios y la naturaleza han establecido de
antemano. Pero no eres condenado como persona. Si escoges
la sabiduría, puedes regocijarte en los premios. Si escoges
de entre muchas opciones viables, aceptas tanto los aspectos
positivos como los negativos de esa elección. Sigue no habiendo
condenación. Si cometes un error, podrías aprender de él. Tú
querrías crecer a partir de esa experiencia para no volverlo a
repetir. Tú podrías.

Tú probablemente estarías de acuerdo conmigo en que
yo debería pagar mis impuestos. ¿Que tengo que pagarlos?
¿Quién dice que yo absolutamente tengo que pagarlos? ¿Quién
dice que absolutamente debería pagarlos?

"La dependencia gubernamental de impuestos (IRS)
dice que tienes que pagarlos".

Algunos ciudadanos no pagan sus impuestos.

Pero tienen que pagarlos.

Pero no lo hacen. Algunos eligen tratar de evitarlo.
Algunos eligen trabajar por efectivo solamente. La
dependencia gubernamental no puede meterse en
mi cuerpo y hacerme sacar mi chequera. No puede
hacerme pagar.

Es cierto que trata de influenciar (y lo hace)
mi pensamiento. Quiere que yo elija pagar
mis impuestos.

> Yo podría pagar impuestos. Yo podría ir a la cárcel.
> Yo podría escaparme al país vecino. Yo eligiré pagar
> mis impuestos. ¡Yo quisiera que hubiera otra opción!

Yo elijo pagar mis impuestos, así como elijo obedecer a Dios–voluntariamente. Yo quiero obedecerle. Es un "podría", no un "debería". Es un "quiero", no un "tengo que". La acción externa podría terminar siendo exactamente la misma, pero la motivación interna es totalmente diferente. El "debería" te hace siervo del tirano. El "podría" te hace un hijo del Padre. Y si los demás te dan el reconocimiento debido o no, siempre te sujetas a la verdad de que tú elijes. El "debería" esclaviza, el "podría" libera. El "debería" oprime, el "podría" habilita.

> "Creo que nosotros "deberíamos" deshacernos de todos estos deberíamo' de nuestro pensamiento, ¿verdad que deberíamos, Gerardo?"

> "¿Crees que verdaderamente deberíamos?"

> "Sí, es tiempo de limpiar nuestros tocadiscos como dijo el joven."

> "¿Tengo que hacerlo Helena? Quiero decir, ¿de verdad tengo que?

> "Por supuesto que tienes que hacerlo. ¡Es lo que deberías hacer si quieres vivir en la década del milenio!

Toma una hoja de papel.

Córtala por mitad. En una de las mitades, escribe "debería" y "no debería". En la otra, escribe "podría", "querría", "desearía" y "elijo".

Pon ambas piezas frente a ti

Elige guardar una de las dos piezas de papel y destruir la otra.

"Sé que debería guardar la pieza que dice "podría"
¿o no debería guardarla ?"

CLÁUSULAS EN UN CONTRATO: Fíjate cuál pieza de papel decidiste destruir, ya no puedes pensar ni decir esas palabras, ¡nunca!

"Pero, señor profesor, ¿qué si lo olvido y digo las palabras que no debería?"

¿Ves cuán escurridizos son los y qué si y los debería? ¡Se pueden colar casi por cualquier lado! Tú puedes escoger las palabras de podría. Si ese es el papel que escoges , destruye el papel de podría. Quémalo, destrúyelo en pequeños pedacitos, cómetelo, haz lo que quieras. Sólo destrúyelo. Tú puedes también elegir guardar el papel de debería, si quieres. Tú eliges.

Haz el cambio

Cada vez que tengas la oportunidad de usar "debería" o "no debería", detente. Usa una de las palabras "podría" en su lugar. Te tomará un esfuerzo consciente, pero valdrá la pena al final. Este cambio te tomará desde unas pocas semanas hasta muchos meses. Ten paciencia y sigue trabajando. Esta es la parte práctica de cómo vas transformando tu mente.

Sandy era una veterana experta en abatirse a sí misma con pensamientos de "debería". En una ocasión, yo tuve un ejercicio de "Hagamos un trato" con ella. Un par de días después, ella me detuvo a mitad de una frase y me lanzó esa mirada de "quiero matarte". ¡Me acusó de quitarle su vocabulario! ¡Sin el uso de los "debería", ella se encontró sin palabras, lo cual era una rara ocasión para ella! Al final me lo agradeció. Todavía es mi amiga. ¡Hasta me dio permiso de hablar de ella!

Recuerda, la libertad proviene de saber y usar la verdad. Los debería son sólo percepciones, no la verdad. El "podría", aunque te permite la libertad de elegir el error, también te da la oportunidad de elegir la verdad. El "podría" inspira, el "debería" erosiona la confianza que tienes. El "debería" se afana por lograr un objetivo perfecto, idealista, inalcanzable. El "podría" se esfuerza para lograr una realidad excelente, realista, alcanzable. El "debería" no deja lugar para el crecimiento, es todo o nada. El "podría" te empuja hacia delante , al mismo tiempo que da lugar al crecimiento y a la madurez. El "debería" no acepta ninguna limitación. El "podría" reconoce las limitaciones legítimas y acomoda las expectativas de acuerdo con ellas.

El "debería" necesita morir. El tirano necesita ser destronado. El dedo señalando puede ser reemplazado con un brazo alrededor de los hombros. La elección es tuya. Tú podrías vivir como un siervo toda tu vida ("¡No, no!"). Tú podrías escoger ser libre ("¡Escógeme, escógeme!"). La elección realmente es tuya.

15 VENCER AL MONSTRUO DE LA ANSIEDAD

Conforme trato con el asunto de la ansiedad, me doy cuenta de que es crucial comenzar con algunas definiciones básicas. Con los años he aprendido que las palabras no significan lo que significan y estoy continuamente regresando a mi diccionario para verificar que el significado de una palabra verdaderamente lo es. Así que te voy a llevar de regreso al diccionario para tu lección de vocabulario de hoy.

"¿Puede decírnoslo sin usar esas palabras técnicas, por favor, Señor Profesor?"

ANSIEDAD 101, LISTA DE VOCABULARIO:

MIEDO: Una intensa reacción emocional ante un peligro legítimo y presente.

ANSIEDAD: Una intensa reacción emocional, por lo regular de pavor, ante un peligro percibido/ anticipado y futuro.

PÁNICO: Una reacción de conducta poco aconsejable cuando se está agobiado por la emoción de miedo o ansiedad.

OBESIVO: Una persistente, a menudo no deseada inundación de pensamientos (o patrones de pensamiento) que es muy difícil o imposible de detener.

OBESIVO COMPULSIVO: Un desorden donde se intenta detener el pensamiento obsesivo (ver arriba) ocupándose en una conducta repetitiva como: lavarse las manos, contar, revisar todo dos veces , limpiar, recitar palabras o frases una y otra vez, etc.

PREOCUPACIÓN: Un término no técnico para ansiedad.

INQUIETUD: La versión cristianizada de la ansiedad. El uso legítimo del término inquietud a menudo se pierde en este mal uso. Un caballo blanco pintado de otro color sigue siendo un caballo, sin importar si primero se bendijo o no la pintura.

La ansiedad muestra sus matices de diferentes maneras.

- Temblor o estremecimiento
- Excesiva preocupación

- Sentirse inquieto , estar en el filo o con los nervios de punta

- Fácilmente fatigado

- Problemas para concentrarse

- Problemas para dormir

- Siempre tener un "Plan B", y "C" y…

- Evitar situaciones o decisiones de las que no se está seguro

- Sentirse atorado e incapaz de tomar decisiones sin invertir mucho esfuerzo

- Temor de estar equivocado

- Pensar, siempre pensar…planear…pensar…

- Tener que saber qué es lo que va a ocurrir después

- Experimentar sentimientos de inminente fracaso o rechazo

- Controlar demasiado

- Deprimido

- Enojado a menudo, sin razón aparente

La ansiedad es generada por un patrón de pensamiento, un hábito de pensamiento un hábito de pensamiento muy malo para decir lo menos. La frase que hace eco en tu tocadiscos es ¿y qué si…?

¿Y qué si…decepciono a alguien?

¿Y qué si…lo arruino todo?

¿Y qué si…no hago todo de le manera en que debería?

¿Y qué si…digo algo que no debería?

¿Y qué si…Dios realmente no me acepta? (Yo debería ser mejor.)

¿Y qué si…?

El problema con el pensamiento de "y qué si…" es el enfoque que tú le das. La ansiedad hala tu enfoque hacia el futuro y lo aleja del presente. El temor del tiempo presente dice: "¡Está sucediendo, ahora!" La ansiedad, por otra parte, dice "¿Y qué si sucede (algún día)?" Muchas de las cosas por las que te has preocupado a lo largo de los años nunca han sucedido.

"Pero Milton, ¿y qué si esta vez sucede?"

La ansiedad se enfoca en el futuro, un futuro que todavía no existe, y que tal vez nunca llegue a existir de la manera en que tú lo ves en tu mente. Tú no puedes controlar el futuro. Cuanto más te enfoques en el futuro, más fuera de control te sentirás, porque está fuera de tu control. El control que te pertenece a ti está sólo en el presente, porque el presente sí existe. Lo que hagas hoy tendrá una influencia en tu futuro, sí, pero todavía no puedes controlar ninguna parte del mañana. No puedes vivir el mañana hoy. Eso viene mañana. Tú sólo tienes control de partes de hoy. La ansiedad logra remachar tus patrones de pensamiento en los posibles peligros percibidos y futuros y te deja fuera de control.

Cuando me di cuenta de mis propios pensamientos de "y qué si", (que corrían por mi mente desde la mañana hasta la noche) me propuse pedir a la gente maneras para detener la locura que había dentro de mi mente. Lo único que obtuve fueron los cliqués de norma :

"No te preocupes por el mañana".

"Sujeta todo pensamiento".

"Sólo piensa en las cosas buenas".

No era sarcástico cuando les respondí a cada uno con un sincero "¿Cómo?" Ellos me dijeron lo que yo debería estar haciendo. Yo ya sabía eso, pero ¿cómo podría llegar allí? Lo único que obtuve fueron miradas en blanco, pero ninguna respuesta. Nadie me pudo decir cómo callar el patrón de pensamiento de y qué si….

Romper el hábito de pensamiento de "y qué si…" es casi lo mismo que romper el hábito de pensamiento de debería.

1) Identifica el "y qué si…" que está rebotando en las paredes internas de tu mente.

2) Detén el pensamiento de "y qué si…"

3) Reemplázalo con la legítima y presente realidad de lo que es.

Para ayudarme en esta transición inventé una técnica de cuatro preguntas. Esta técnica es un tanto boba, pero considera la fuente– ¡un terapeuta! Sin embargo, da resultado.

Yo pongo estas cuatro preguntas en una tarjeta pequeña.

1) "Mencionar 5 colores que veo ahora mismo".

2) "Mencionar 5 sonidos que oigo ahora mismo".

3) "Mencionar 5 cosas que siento físicamente ahora mismo". (v.g., mi reloj en la muñeca, el viento en el cabello, los pies en el suelo, etc.).

4) "¿Qué necesito hacer, o pensar, AHORA MISMO?"

Yo colocaba la tarjeta en mi mesa de noche y contestaba las preguntas al levantarme, tan pronto como había suficientes células cerebrales trabajando.

Llevaba la tarjeta conmigo al trabajo y trataba de repasar las cuatro preguntas en tres a cinco minutos, aún si el día estaba saliendo genial. Los hábitos se forman con la repetición. Los hábitos se forman con la repetición.

Al acostarme, volvía a colocar la tarjeta en mi mesa de noche y contestaba las preguntas una vez más.

No tenía idea si esta técnica, a la que llamé "3X5 +1", haría algún bien o no. Sólo sabía que tenía que hacer algo para tratar de detener el pensamiento de "y qué si" que me estaba controlado más de lo que yo lo controlaba a él. Lo que sí noté es que cada vez que hacía este ejercicio, me ayudaba, aunque fuera por unos pocos minutos. Me sentía menos ansioso. Algunos días yo salía victorioso, logrando detener las embestidas de los "y qué si…"; otros días los "y qué si…" ganaban. Durante el tiempo que se toma para romper un mal hábito y establecer otro en su lugar, los "lo que es" echaron raíces. En un curso de entre dos a tres meses, el reemplazo había sucedido. No solamente los "lo que es" habían echado raíces, llegaron a ser el pensamiento automático. Llegó a ser más y más automático.

"¡Estoy sanado, Sam! ¡Ay Señor, qué bien se siente!"

Los "y qué si" todavía se escurren algunas veces, pero no tan a menudo. Y ahora que los "lo que es" son familiares para mi pensamiento, los "y qué si" se sienten como extraños. Sentí otros cambios también. El presente se volvió más vivo para mí porque estaba en él más que en el hoyo negro del futuro. Me percataba de más cosas, me sentía más ligero, recordaba con más facilidad. También me sentía mucho más en control, porque mi enfoque estaba en las cosas presentes sobre las que tenía control, no sobre las cosas futuras que no podía controlar.

Las tres primeras preguntas usan los sentidos físicos para traer el enfoque del futuro hacia el presente. Los colores, los sonidos y el toque están en el reino presente solamente. Es una manera de lograr que tu mente conscientemente piense acerca de lo que pasa alrededor. La razón por la que exijo cinco respuestas a estas tres preguntas es ¡para poder llevar la cuenta en los dedos! (Siéntete libre de modificarlo de cualquier manera para que sea más aplicable para ti.)

"¿Y qué si sólo fueran cuatro colores? ¿Y qué si...?

Muy a menudo pensamos que cualquier cosa que nuestro pensamiento está pensando es lo que nosotros deberíamos estar pensando.

"¿Qué dijo?"

"¡Suena como un parloteo de cosas psicológicas sobre las que aquel ministro itinerante nos advirtió el año pasado, Lucy!"

La mayoría de la gente piensa que cualquier cosa que está en su mente es el pensamiento en el que se debe concentrar. Si tu mente fuera un perro San Bernardo, te estaría llevando a ti por un paseo ahora mismo, halándote hacia este árbol, luego "y qué si" esos arbustos, "y qué si", etc., etc., etc. Tus pensamientos errantes están escogiendo en lo que tú piensas. ¿No sería el paseo mucho mejor si tú le dijeras al San Bernardo adónde es que tú vas e hicieras que el perro caminara a tu lado ? Cuando tú respondes a la pregunta "¿En qué necesito pensar o qué necesito hacer AHORA MISMO?" tú estás escogiendo en qué pensar en el presente. Tú decides qué camino tomar. Tú estás en control. Si tú quieres estudiar, entonces elige estudiar. Si tú necesitas ducharte, entonces dúchate, pero no te duches al mismo tiempo que te preocupas. Si estás manejando, entonces maneja y disfruta del manejo. Cuenta los autos, busca placas de otros estados o simplemente pon atención ¡por primera vez en tu vida! Relaja el cerebro. Piensa sólo en lo que tienes al frente.

Depresión

La ansiedad es un asunto serio porque está directamente unida a la depresión. Piensa en la caja de fusibles de tu casa. Si fueras a conectar todos tus electrodomésticos en un solo enchufe eléctrico y los prendieras, "fundirías un fusible" y tendrías un apagón. Pero si no tuvieras la caja de fusibles, e hicieras la misma cosa insensata, muy probablemente tendrías un incendio en tus manos. De modo que la razón para que exista la caja de fusibles es para evitar destruir tu casa. La depresión es muy parecida. Cierta depresión tiene una base orgánica. La depresión provocada psicológicamente tiene una base en la ansiedad. La ansiedad y el estrés se apilan y apilan hasta que llegan a un nivel que traerá destrucción física o emocional para tu cuerpo. Tu cuerpo toma una decisión ejecutora, sin primero consultar contigo, que dice: "¡De ninguna manera, Héctor!" y corta la electricidad. Tú tienes un apagón emocional llamado depresión. Para tratar con éxito la depresión clínica, también hay que dirigirse a los patrones de pensamiento que están detrás de esto y las conclusiones que generan ansiedad.

Enojo

La ansiedad es también la raíz del enojo. El enojo es una emoción secundaria, lo que significa que está hecha de la combinación de otras dos emociones juntas. A los cristianitos buenos se les ha dicho que enojarse es malo. Así que los feligreses hacen un poco de cirugía cosmética verbal y dicen que están sólo "frustrados" o que simplemente están "luchando". De nuevo, un caballo blanco de otro color sigue siendo un caballo. Búscale el lado.

Detrás del enojo, o "frustración" para los que están en negación divina, siempre se encontrará la ansiedad. La ecuación para el enojo es algo así:

DOLOR + ANSIEDAD = ENOJO

Cuando se mezcla vinagre con polvo para hornear se obtienen burbujas. Cuando se mezcla dolor/decepción con ansiedad (los "y qué si") se obtiene enojo. El enojo es notable y el dolor es bastante fácil de descubrir, pero la ansiedad detrás de esto requiere cierta investigación para descubrirla. Ni siquiera parecería estar presente en ocasiones, pero está ahí. Al igual que con la depresión, llegar a la raíz de la causa del enojo es crucial. El control del enojo puede ayudarte a aprender a dirigir tu enojo hacia un objetivo apropiado. Sin embargo, para realmente disminuir la causa primordial del enojo, necesitarás ver más de cerca los "y qué si" de tu pensamiento.

La ansiedad, la depresión y el enojo son primos con diferentes apellidos, pero todos son parte de la misma familia mafiosa insalubre. En realidad la ansiedad es un monstruo. Pero mírala de esta manera. ¡Tú puedes matar a tres gigantes con la misma piedra y honda! La técnica "3X5+1" reducirá la ansiedad, quedan dos. Si estás menos agobiado en general, es menos probable que te pongas abrumado y deprimido, queda uno. Con la ansiedad reducida, te enojarás con menos frecuencia, no queda ninguno.

"¡Esto es mejor que una semana gratis en el campamento para jóvenes, Billy!"

16 ESTA COSA LLAMADA "PERDÓN"

ADVERTENCIA: Este capítulo puede ser peligroso para tus nociones preconcebidas de la dulce doctrina del perdón. Lee este capítulo bajo tu propio riesgo.

Las respuestas cristianas para cada dilema humano es la cosa espiritual que lo sana todo, lo arregla todo y lo hace todo llamada perdón. No fue sino hasta que emprendí un serio estudio del tema que me di cuenta cuán poco sabía y que no había sido enseñado, acerca de la verdadera dinámica del perdón.

El perdón no es un evento en el que tú, el ofendido, pronuncias palabras piadosas que de alguna manera liberan al acusado y a ti mismo también.

El perdón no es negar que el error alguna vez ocurrió.

El perdón no es olvidar que los eventos de tu pasado alguna vez sucedieron.

El perdón no es una manera espiritual de decir que el mal que se te hizo a ti está bien y que no tiene ninguna consecuencia.

El perdón no es martirio de ti mismo. No es un intento justificado para verte bien mientras te lames tus heridas.

El perdón no es automáticamente confiar ni sentir agrado por la persona que te hirió a ti.

Estas son todas las cosas que el perdón no es, ¿erntonces, qué es? Buena pregunta. A riesgo de sonar como un sermón escrito, déjame comenzar examinando el significado de la raíz de la palabra en cuestión, sí, en los idiomas hebreo y griego. Ignoro los idiomas bíblicos; sólo sé cómo hacer trampa y usar la parte de atrás de mis Concordancia Exhaustiva de Strong. (¡Pero me veo bien!). Lo que comenzó a salir de mi estudio me sorprendió.

En el hebreo, que es un idioma de imágenes, la palabra perdón se ve algo como esto:

- Quemar.

- Llevarse.

- Sufrir o soportar. (Interesante.)

- Perdonar una penalidad.

- Sufrir. (¿Eh? ¡No sabía que esto era parte del perdón!).

– Quitar el peso de una carga.

Ya había algunos giros nuevos a esta idea del perdón que no había oído antes. Conforme me desplacé al griego, más comenzó a revelárseme.

– Abandonar.

– Hacer a un lado.

– Apartar. (Bueno, ¡estoy empezando a entender la imagen!)

– Rendir.

– Sufrir daño. (¿De dónde vino esto?)

– Enviar lejos de mí.

Conforme intenté juntar una definición práctica de todas estas piezas, lo que resultó fue algo simple y claro:

> Quitar el peso de la deuda, enviarla lejos, y absorber o sufrir el daño yo mismo.

¡No sé si me gusta mucho esta definición! Puedo aceptar la parte de quitar y enviar lejos. La parte de sufrir el daño yo mismo es algo que preferiría ignorar, ¡muchas gracias! Eso puede ser muy difícil de tragar. ¿Puedes recordar algún sermón (estoy seguro que recuerdas todos los sermones que has oído) que uniera el sufrimiento y el perdón en un concepto entendible? Si puedes, considérate bendecido. Yo nunca lo he oído, ni de adulto. Puedo recordar declaraciones que en efecto dicen "Eso es sólo tu cruz para soportar". Esto es diferente.

El perdón es un proceso, no un suceso. Se toma tiempo para procesar el "proceso". La sanidad y el perdón se toman tiempo.

> Cuanto más grande es el error, más grande y más profundo es el dolor.
>
> Cuanto más grande es el dolor, más grande es el daño o la herida.
>
> Cuanto más grande es el daño, más tiempo se tarda para sanar.
>
> Cuanto más se tarda en sanar, más tiempo se toma para perdonar completamente

No es una gran fórmula de física, sólo es sentido común.

El proceso del perdón sigue seis etapas claras. Puedes pasar a través de estas etapas en un patrón lineal, una por una. O podrías rebotar de una a otra entre ellas. Cualquier forma está bien.

El proceso siempre va a incluir estas etapas:

1) Expresa claramente la verdadera falta cometida contra ti.

2) Con cada falta cometida, se incurre una deuda.

3) Pasa la deuda a Dios.

4) Tu copia de la lista de deudas es marcada "Pagado en total".

5) Absorbe el daño.

6) El perdón se vive en la vida diaria.

Expresa claramente la verdadera falta cometida contra ti. Sí, aún antes de poder comenzar a perdonar, necesitas articular quién, qué, cuándo y dónde necesita ser perdonado. Mira la historia de José en el libro de Génesis. Cuando él finalmente se mostró a sus hermanos, él expresó la falta diciendo: "Soy su hermano José, ¡a quien ustedes vendieron a Egipto!" Ahí está, la falta expresada simple y llana.

Tú quizás no quieras identificar claramente la falta. Podría traerte recuerdos dolorosos. Podrías sentirte como que estás tratando de culpar a alguien en lugar de ser responsable de ti mismo. Si identificas la verdadera falta cometida contra ti, podría ser más grande de lo que quieres admitir. Por otra parte, puede que no sea tan grande como la habías conjeturado ser ante tus ojos.

Diferenciar entre lo que es una infracción específica y legítima y tu opinión de una falta percibida puede ser difícil. ¿Es la falta en cuestión una violación de la ley civil, bíblica o moral? El estar muy ocupado como padre no es algo malo. No es sabio, eso sí. Rinde resultados negativos para la familia, pero no es ninguna infracción contra ninguna ley. Pero faltar en proveer para las necesidades emocionales de los hijos es algo moral y espiritualmente malo. No estoy tratando de hacer juegos de palabras. Esto no sólo es un asunto de semántica, es un asunto de encontrar la verdad. Encontrar la verdad en medio de todas tus emociones, opiniones y percepciones puede ser algo difícil. No obstante, se debe hacer si es que se quiere lograr el perdón. Aquí es donde una perspectiva objetiva, externa es invaluable.

> **EJEMPLO DEL AUTOMÓVIL**: Trataré de usar un ejemplo sencillo para pasar por las seis etapas. Entre tú y yo, digamos que tú te has enojado conmigo por algo que leíste. En tu enojo encuentras mi automóvil y golpeas el parabrisas. (Por favor, esta es sólo una ilustración, ¡no tomes

en serio esta idea!) Cuando vamos ante el juez en la corte de la cuidad, él va a tratar de determinar qué fue lo que se hizo incorrectamente. La infracción específica que tú cometiste contra mí es romper el parabrisas. No fue enojarte conmigo, no fue estar en desacuerdo conmigo. El juez no está interesado en el enojo ni en el desacuerdo, sólo en la ley que fue violada. Estatuto 35, párrafo 21, subsección 103 dice: "No dañar propiedades que pertenecen a otra persona". Tú me rompiste el parabrisas. La falta ha sido claramente establecida.

Con cada falta cometida, se incurre una deuda

De repente entra en existencia un "tú me debes". El estiércol atrae moscas. Las faltas atraen deudas. Esto quizás no suene muy cristiano, pero es cierto. Cuando la humanidad, representada por Adán y Eva, pecó contra Dios y comió del fruto prohibido, se incurrió una deuda. Una deuda que fue finalmente pagada con la muerte de Jesús.

AUTOMÓVIL: Cometiste un error cuando golpeaste el parabrisas. Ahora tú me debes un parabrisas nuevo. Si yo tuviera un buen abogado, también me deberías un millón de dólares ¡por "dolor y sufrimiento"! La falta ha sido establecida y la deuda ha sido clarificada.

Así como necesitas expresar claramente la falta cometida contra ti, así necesitas definir claramente la deuda que se te debe. Decir que me debes un parabrisas nuevo es fácil. Definir la deuda en el contexto de una relación es mucho más difícil.

La persona que te faltó te debe…

- Admitir que realmente sucedió, que ella te hizo eso a ti.

- Validar que fue algo malo.

- Confesar que fue falta suya. (Ya sea que fue su intención dañarte o no, siempre fue algo malo. Siguen siendo sus acciones las que te causaron dolor, y por tanto, es culpa suya).

- Reparar cualquier daño que sea reparable.

- Decir la verdad de los hechos a los que necesitan saber.

- Pedirte perdón a ti.

Esta noción de que la persona te debe a ti quizás no suene muy bien. Pero ella sí le debe. Tú sí tienes una lista de "me debe" en tu mano, aún cuando ni siquiera sabes lo que está escrito en ella. Tú necesitas saber lo que está en la lista para que siga el proceso de perdón.

El perdón y la confrontación no son tópicos mutuamente excluyentes. Si se ha cometido una falta, tú debes confrontarte con la persona ofensora. Mientras estás confrontando, también estás perdonando, porque ambos comienzan con declaraciones de la falta cometida y la deuda incurrida. La confrontación le muestra su ofensa, la deuda que debe y le pide que pague y que absorba la parte del daño que pueda absorber. Si ella confiesa, se arrepiente y está de acuerdo en cubrir la deuda, eso hace las cosas mucho mejores y más fáciles para ti. Tú todavía tendrás el dolor que necesita sanidad. La confianza todavía necesita restablecerse. El proceso todavía se tomará tiempo pero será un poco más fácil. Si se niega, tú continuas el proceso de perdón por tu parte, tan duro como eso pueda ser. Algunas veces la confrontación no es un curso de acción bueno ni sabio. Si la persona todavía está adolorida, es manipuladora o peligrosa (física, emocional o espiritualmente), tú puedes escoger no confrontar. Proverbios 9:7-8 dice: "El que corrige al escarnecedor se acarrea afrenta: el que reprende al impío, se atrae mancha". ¿Conoces a alguien así? "No reprendas al escarnecedor, para que no te aborrezca..." es la acción lógica y segura. O puedes escoger usar el sistema legal para hacer la confrontación y asegurar seguridad. Tú puedes escoger renunciar a cualquier forma de confrontación y pasar al proceso del perdón. La elección te toca a ti.

Pasa la deuda a Dios

Ahora viene la parte difícil. Tú tienes una listas de las faltas cometidas a ti. Tienes una lista de los "me debe" y al hacer esto, te has vuelto en el cobrador de cuentas. Las faltas necesitan ser saldadas. Dios estableció el mundo de esa manera. Tu mismo carácter refleja eso. Las faltas deben ser arregladas. La pregunta es ¿quién verá que estas faltas sean arregladas y cuándo? ¿Quién será el guarda de las deudas? Se reduce a ti o Dios.

¿Mantendrás la lista de deudas? ¿Tratarás de mantenerla hasta que sea pagada? ¿Quieres el empleo de cobrador de deudas? ¿Tratarás de hacerlos que paguen ?

O...¿pasarás la lista a Dios? ¿Le permitirás que Él sea el guarda de las faltas para asegurar que sean arregladas? ¿Lo dejarás todo en las manos de Él para ver qué deudas son marcadas como pagadas? ¿Le permitirás ser el cobrador de las deudas?

Para que esto siquiera sea una elección sincera, tienes que creer que Dios de verdad arreglará las faltas, que a Él hasta le importa, que Él no perderá la lista debajo de alguna nube celestial, ni que dirá con poca seriedad: "¡Bástate mi gracia!" ¿Acaso Dios está ahí, de verdad? ¿Acaso se interesa, de verdad? Las respuestas de escuela dominical no son suficientes aquí. Estas son las preguntas del corazón que vienen a la superficie cuando se te presentan circunstancias como ésta.

> **AUTOMÓVIL**: Tú me fallaste. Tú me debes. Yo elijo dar la lista de deudas a Dios. No cuentes conmigo. Yo ya no estoy aquí para cobrar mi parabrisas. Ahora el asunto queda entre Dios y tú.

Con el perdón tú decides pasar la deuda al cuidado de Dios, para que Él se encargue de ella. Ahora el asunto es entre la otra persona y Dios. Tú estás totalmente fuera del grupo. Tú lo dejaste ir. Tú lo mandas lejos de ti , como una elección, como un acuerdo.

Tu copia de la lista de deudas es marcada "Pagado en total"

Una vez que la entregas, no te deben nada. No te deben ni una sola cosa, ni una disculpa, ni un "lo siento", nada. Todo entre ustedes está cubierto con el "Pagado en total" que está escrito con tu propia letra. Es por eso que es tan difícil soltar la lista. Muchas veces nosotros todavía queremos algo de ellos, aunque sea algo pequeño, cualquier cosa que nos ayude a sentirnos mejor, o vindicados. Quizás seas demasiado espiritual para buscar venganza, ¡pero podrías albergar un deseo secreto de estar ahí cuando Dios les dé su merecido! Verifica los motivos de tu corazón.

> **AUTOMÓVIL**: Tú me fallaste. Tú me debes. Yo elijo darle la lista de deudas a Dios. Ahora el asunto está entre tú y Él. Al salir de la corte, tú no me debes absolutamente nada, ni siquiera un "adiós". Estás libre de todas y cada una de las obligaciones.

Estás libre y aclarado ante mis ojos. He marcado mi copia de la lista de deudas "Pagado en total". El mazo ha caído, el juez se ha ido y nosotros vamos cada uno por nuestro camino.

NOTA ADICIONAL: No obstante, si decides ofrecer pagar mi parabrisas, ¡yo con gusto aceptaré tu reembolso! ¡No rechazaré tu oferta para poder parecer más espiritual! Seamos realistas. Se me permite aceptar tu arrepentimiento y tu dinero. Y si tú fueras a hacer eso, me harías más fácil completar el proceso de perdonar. Pero no estoy atado por lo que hagas. Tampoco intento obligarte a hacer nada específico. Puedo perdonarte sea que cooperes o no.

Este es el punto donde muchos de los mitos acerca del perdón cobran vida. Sólo porque has perdonado a la persona que te ofendió no quiere decir que automáticamente confías en ella, que te agrada o que hasta quieres estar alrededor de ella. Te he perdonado por romperme el parabrisas, ¡pero no me voy a estacionar junto a ti en el estacionamiento de la iglesia el próximo domingo! El perdón y la confianza son dos cosas completamente diferentes. Perdón comienza con la letra "P", verdad comienza con "V". Que yo sepa, tú todavía puedes estar enojado y ser peligroso.

De regreso a la historia de José. Todo el propósito del dinero en los sacos de grano y de necesitar traer a Benjamín a Egipto era probar. José estaba verificando si sus hermanos, quienes habían sido peligrosos e indignos de confianza el día que lo vendieron como esclavo, podían ser confiables hoy. Fue sólo después de que ellos probaron ser dignos de confianza que él se les reveló. Te toca a ti dar perdón. Les toca a ellos ganarse la confianza. Siempre.

Absorbe el daño

Si marcar como "Pagado en total" la lista de deudas es la parte difícil, absorber el daño es la parte costosa.

> **AUTOMÓVIL**: Una vez que dejemos la corte, tú no me debes nada. Pero ¿y qué de mi parabrisas? ¿Ha sido mágicamente arreglado por un par de ángeles inclinados a la mecánica? No lo creo. ¿Quién paga por el nuevo parabrisas? Yo lo pago. Yo pago el precio. Yo absorbo el daño. Yo sufro la inconveniencia de todo esto. Yo manejo hacia el taller de reparaciones con el viento en la cara y los insectos en los dientes. No hay oración mágica aquí. Con perdón, yo gasto el dinero y yo hago el trabajo para reparar el parabrisas.

Absorber el daño no quiere decir que tú absorbes la culpa. No es tu culpa. **NO ES TU CULPA**. No es justo. ¿Es esto lo suficientemente claro? No fue– nunca será– tu culpa. Punto. De todas maneras, tú decidiste soltar la lista de deudas. Ahora tú tienes que hacer lo que sea necesario para traer sanidad y restauración a tu corazón roto y/o a tu cuerpo quebrantado. Tú tomas acción en vez de quedarte echado como un perrito herido esperando que ellos te traigan la sanidad a ti. Déjame repetir. No es tu culpa, no es justo y tú no estás aceptando la culpa por la infracción. Tú estás simplemente absorbiendo el costo de la sanidad y volviendo a estar bien.

Dos cosas hacen que absorber el daño sea aún más difícil: 1) Cuando la ofensa todavía continúa hoy. En este caso, podrías necesitar alejarte de la persona tanto como sea posible. 2) Cuando alguna parte del daño es permanente e irreversible, ya sea física o relacionalmente. Algunas heridas sanan pero te dejan con cicatrices para toda la vida. Cuando esto sucede, necesitas ir más profundo dentro de tu alma para poder extender el perdón que te hará libre.

El perdón se vive en la vida diaria

Después que hayas renunciado a mantener la lista de deudas, te debes comportar como si ellos no te debieran nada desde ese punto en adelante. Aunque quizás no confíes en ellos, no les recuerdas la infracción, verbalmente o no, evidente o disimuladamente, seria ni sarcásticamente. Cuando los ves, vives la realidad de que la lista de deudas ha sido marcada como "Pagado en total". Tú los tratas con el respeto que extenderías a cualquier ser humano aún cuando el dolor quizás todavía esté presente en tu corazón. Esto es el verdadero perdón. El verdadero perdón trae verdadera libertad. Puede tomarte algunos días, semanas e incluso años para ir de principio a fin. Que así sea. Cada caso es diferente y único. Mientras que la progresión es similar, el paso no lo es.

17 ENCONTRAR A DIOS ENTRE LOS ESCOMBROS

Este ha sido el capítulo más difícil de escribir de todos. No porque no sepa dónde está Dios, sino porque no es fácil reducir en palabras el viaje hacia su presencia. Y además, ya has oído todas las palabras, acrósticos y ejemplos. Expresar este concepto sin que suene como otro mandamiento no es algo fácil.

Encontrar a Dios sin perderse en el laberinto de la jerga religiosa puede tener sus trucos, ser un poco complicado. Ser atraído a la presencia de Dios sin meterse en políticas organizacionales no es fácil. Pero si hay realmente un Dios (y yo creo firmemente que así es), quiero encontrarlo y conocerlo mejor. Sé todo acerca de Él. Sé lo que lo que otros dicen de Él. Sé lo que pienso acerca de Él. Pero quiero conocerlo, al ser que vive y habla y se mueve.

Hace casi once años encontré un pequeño libro— el único que quedaba en la repisa– titulado *Experiencing the Depths of Jesus Christ* ("Experimentando las profundidades de Jesucristo"). Lo tomé. La autora fue una mujer francesa del siglo XVII llamada Jeanne Guyon. Esta fue mi introducción a la arena del silencio, la contemplación y la entrega. No trataré de igualar la elocuencia de Guyon sobre el tema de experimentar la presencia del Todopoderoso. Pero aquí están algunos pensamientos que he catalogado a lo largo de mi viaje fuera de los escombros:

Dios no es quien yo creía que era

Había oído hablar de Dios toda mi vida. Sabía los dos lados de cada argumento doctrinal. Sabía lo que mis padres creían. Sabía lo que otros creían. Sabía lo que creía que yo creía. Pero no estaba listo para un Dios tan vivo y real que se negaba a ser contenido en mi caja de teología sistemática.

Mientras Dios permaneciera siendo una doctrina para ser estudiada organizada y defendida, yo era más grande. Yo estaba a salvo. Yo podía tomarlo o dejarlo. Pero cuando Él llegó a ser el Dios del universo, de pie delante de mí, yo no podía hacer nada para contenerlo. Él era más grande y yo tenía temor. Las palabras no son suficientes para tratar de expresar este pensamiento, pero en breve, Dios no cabía en ninguna de las cajas que yo había hecho para Él. Él no era quién yo creía que era.

Dios sí me ama

Este punto puede parecer demasiado obvio para tan siquiera mencionarlo, pero es donde Dios comenzó conmigo. Yo sé, y he sabido, todos los cantos y versos que dicen que Dios me ama. Pero, ¿es así? ¿De verdad me ama? ¿Me ama todo el tiempo?

Si uno quiere algo loco, aquí está. Un soberano Rey tomando una decisión unilateral, solamente para beneficio mío, que no tiene límite ni que nadie puede romperla ni arruinarla (incluso yo mismo). Él pagó por ello, no tiene final y no será recordado. Esta es una loca clase de amor, ¡y todo es verdad! Así es como Él define su amor para mí.

Conforme Dios susurraba "Sí. Sí. Sí." a todas estas preguntas, mis "sí, pero…" comenzaron a gritarle a Él.

- "Sí, pero no soy nadie".

- "Sí, pero no soy perfecto. Mira toda esta basura".

- "Sí, pero en realidad no soy bueno para nada".

- "Sí, pero Tú necesitas concentrarte en otras personas, no en mí".

Un día, tomé 1 Corintios 13:4-8 y lo escribí como una carta de Dios para mí. No la he encontrado desde entonces, pero comenzaba algo así:

> "Querido Tim,
>
> Soy paciente contigo. Me interesas. No soy arrogante, no me comporto de manera condescendiente contigo. No seré grosero contigo…"
>
> Con amor,
>
> Dios

Lentamente comencé a confiar en sus palabras (al menos un poco). Tú puedes confiar también.

Dios es personal, no institucional

Luego llegaron los versículos de Romanos 8:38-39, que yo volví a escribir de una manera similar:

"Tim,

Nada, nada, ni las faltas que has cometido, ni tu terquedad, ni tu impaciencia, ni lo que te ha pasado, ni circunstancias, ni negarte a trabajar en el ministerio, ni los "sí, pero..", ni tus desafíos... nada puede separarte de mi amor. Nada puede hacerme dejar de amarte. Nada."

Dios

Esto no es un arreglo del tipo de "haz esto y te aceptaré". Esta es una clase de amistad loca que dice "te amo porque quiero, punto", que no tiene sentido humano. Sin embargo, tiene sentido para Dios, porque esto es cuánto le importamos. Todavía no he llegado al fondo de su amor para mí. Estoy empezando a creer que tal vez sinceramente no hay fondo, no hay final, no hay límite, no hay terminación de su amor para mí.

Dios entró a mi mundo

Conforme su amor personal comenzó a apoderarse de mi corazón, fue como si sus brazos me envolvieran, sosteniéndome seguro. Lo que me tomó tiempo para darme cuenta fue que Él había entrado a mi mundo, donde yo estaba. Él estaba viendo mi mundo, sintiendo mis sentimientos y tocando mi dolor. Él, de entre toda la gente, vino a la caja de ratas del laboratorio y se sentó conmigo. No tuve que estar de rodillas con las manos juntas. No tuve que cerrar los ojos. No tuvo que suceder sólo un día domingo. No estaba restringido a encontrarlo en el altar ni durante mis devocionales oficiales.

Cuando entró, ¡Él no me condenó! No tomó la función de un instructor de campamento militar con una cara severa, pasando cierto tipo de inspección espiritual con guante blanco. Él no se impuso a la fuerza. Asimismo, Él no disminuirá el dolor, el temor, la confusión, las preguntas ni los sueños tuyos.

Mientras trabajaba en esta parte particular del capítulo, David Gatewood me compartió una experiencia personal que ilustra la manera opuesta en que Dios opera. Él había estado en el campo de la consejería cristiana por cerca de diez años y por fin había logrado que su padre pastor asistiera a la convención de la Asociación Cristiana de Estudios Psicológicos. Él estaba muy emocionado. Por fin, él le podría enseñar a su papá su mundo y lo que él hacía para sostenerse económicamente y como ministerio. Quince minutos después de comenzar la presentación inicial, su padre miró su reloj, se volvió hacia David y le dijo: "creo que tengo otros negocios a los que tengo que asistir. Hay una recaudación de fondos que yo probablemente debería hacer". Conforme se disculpó para dejar la convención, puntualizó su despedida con un "No te molesta, ¿no?" Su propio padre no podía, o no quería, tolerar el mundo de su hijo. David recordó cómo esto lo lastimó, cómo lo devastó al punto en que le trajo lágrimas a los ojos.

Eso no pasa con Dios. De nuevo, un viejo versículo cobró vida para mí: "No te desampararé ni te dejaré" (Hebreos 13:5). Nunca. Yo había caminado solo toda mi vida, pero ahora puedo permitirle a Él que camine conmigo. Él así lo quiere. Mi visión de Dios ha cambiado de la del campo de fútbol donde el entrenador se para en las líneas laterales empujando, gritando y dirigiendo, a la visión del pico de una montaña donde el guía alpinista me anima, me respeta y me ayuda a subir. Nosotros escalamos juntos. Dios ha estado dispuesto a entrar a mi mundo todo el tiempo. Era yo quien lo mantenía fuera... porque tenía temor.

Dios me hala hacia su mundo

Lentamente, comencé a creer que Él sí quería lo mejor para mí. Gradualmente comencé a confiar en Él. Dejé de ir a otras fuentes para investigar acerca de Él y comencé a ir directamente a Él. Comencé a sentarme en silencio, entrenando a mi mente a estar quieta. La simple oración de "Dios, quiero verte como Tú te ves a ti mismo" se convirtió en el lema de mi corazón. Él me estaba atrayendo a su mundo.

> **OTRO NEGADOR**: No soy una persona que dice "cada quien puede creer lo que quiera creer". Ni tampoco soy una persona que dice que la experiencia valida las Escrituras. Lo que estoy intentando decir es que tú necesitas ver la función de las cosas en lugar de sólo mirar la forma de las mismas. Tú necesitas concentrarte, no en el lugar, sino en la persona de Dios mismo. Tú necesitas un viaje más allá de lo eclesial hacia la experiencia.

Cada vez que Él me atraía más profundamente dentro de Él, se revelaban más y más mis propios temores.

– Temores de estar equivocado

– Temores de ser demasiado "liberal"

– Temores de no tener suficiente fe

– Temores de no ser lo suficientemente bueno

En este punto, una segunda oración fue añadida a la primera: "Dios, déjame verme como Tú me ves". La primera

132

Tengo que ser perfecto

oración me atemorizó, pero esta horrorizó todas las fibras de mi ser.

- ¿Y qué si no soy lo suficientemente bueno?

- ¿Y qué si Él me rechaza?

- ¿Y qué si...?

El silencio fue difícil para mí. No sólo tener el ambiente tranquilo, sino la quietud de mis pensamientos y mente. Yo no estaba acostumbrado al mundo de Él. No sabía cuáles eran las "reglas".

- ¿Y qué si Él no contesta?

- ¿Y qué si yo no tengo suficiente fe?

- ¿Y qué si estoy equivocado?

He aprendido que el silencio es la expresión externa de la entrega. Quizá es por esto que evitamos tanto el silencio. A menudo hablamos de la idea de la entrega, cómo es que debemos entregarnos, pero la verdadera entrega es diferente. El silencio significa:

- No tengo elección, ni voz, ni dicho.

- No tengo defensa propia. ¡Soy totalmente vulnerable!

- Es su mundo, no el mío y necesito oírlo a Él.

- Él determina los asuntos a tratar, no yo.

- Yo no tengo control sobre su mundo, pero Él sí.

- Dios habla, yo guardo silencio.

Pero en el silencio de su mundo, Él habla vida a mi alma.

- Él no me condena, aún cuando yo a menudo me condeno.

- Él no se impacienta conmigo.

- Él no me rechaza.

- Él no me odia.

- Él no espera que yo sea perfecto, aún cuando yo sí lo espero.

- Él no espera que no finja.

- Él quiere que me sienta seguro.

- Él sí me ama.

- Soy aceptable para Él ahora, tal como soy.

- No lo he decepcionando.

- Él está enojado por todos los males que se me han hecho a mí.

- Él sí ve toda la hipocresía y la odia también.

- Él te dirá lo mismo a ti.

Cuando huí de su mundo y regresé al mío, Él permaneció conmigo. Caminábamos en mi mundo y, en ocasiones, Él me llevaba de regreso al suyo. Ahora, cualquiera que sea el mundo en el que me encuentro, sé que no estoy solo. Él es mi Dios y nada me puede separar de Él.

Dios es mío

A medida que he experimentado genuino crecimiento, Dios

ha llegado a ser personal para mí. Lo conozco directamente, no de segunda mano. Él no es un amigo de un amigo mío. Él es mi amigo. También lo conozco como el Todopoderoso y me estremezco con un sano respeto por Él. Él se ha convertido en mi Dios. Nadie puede quitármelo ahora. La iglesia no puede, la denominación no puede, el mundo no puede, los amigos no pueden, mis padres no pueden, mi familia no puede ni el infierno mismo puede (aún cuando lo ha intentado, literalmente). Él es mío. Yo lo conozco. Yo lo amo. Él me ama. Tú puedes quitarme mi reputación, puedes quitarme ni trabajo o mi dinero o mi familia o mi salud, aún mi vida, pero no puedes quitarme a mi Dios.

Yo encontré a Dios, no en las bancas de la iglesia, sino en el sofá, tarde en la noche, con las luces apagadas y un edredón sobre las piernas. Lo encontré, no mediante el estudio, sino al estar sentado y permitir que los versículos que yo aprendí cuando era niño me hablaran. Lo encontré, no oyendo a un gran predicador, sino al estar en silencio lo suficiente para oír la tranquila y pequeña voz de Dios atravesando mis propios pensamientos.

Un último negador. No estoy en contra de la iglesia, de la predicación, de la escuela dominical ni del estudio bíblico. Todas estas cosas son parte de mi vida y las disfruto, la mayor parte del tiempo. Pero tal vez, como yo, tú has tenido problemas con encontrar a Dios en estos lugares. Tal vez como yo, tú necesitas encontrarlo en el sofá o en la pradera o escuchando alabanzas con audífonos o en las páginas de tu diario. Yo necesitaba salirme de los "debería". Tal vez tú también.

Donde sea que tú necesites mirar, mira. A veces no podemos ver el bosque por los árboles. A veces los que fuimos criados en el santuario, necesitamos salir de los pasillos santificados para finalmente ver la verdad. Así es exactamente para algunos de nosotros. Tal vez también para ti.

Nunca es demasiado tarde para escudriñar entre los escombros. Nunca es demasiado tarde para mirar sinceramente dentro del tocadiscos de tu mente. Nunca es demasiado tarde para sacar las herejías santas fuera de tu pensamiento de casa pastoral. Nunca es demasiado tarde para sanar las heridas. En mis años en el ministerio y como terapeuta, no hay mucho que no haya visto ni oído. Yo sé, nunca es demasiado tarde. NUNCA.

Hay mucho más que quisiera expresar, pero las palabras se detienen aquí. No hay más palabras.

Apéndice

IDEAS PARA MANTENER UN DIARIO

1   No hay reglas. No hay "¡esta es la manera en que deberías hacerlo!"

2   Tú no tienes que hacer una anotación todos los días, ni apuntar los sucesos de todo el día. El diario es para tu beneficio; no hay necesidad de volverte esclavo de esto. Siente la libertad de permitir que los días– aún las semanas o los meses– pasen entre una anotación y otra. Escribe conforme surja la necesidad o el deseo.

3   Escribe lo que en realidad estás pensando. Ponlo en palabras de la mejor manera posible. Escribe tus sentimientos, pensamientos, preguntas y opiniones– las cosas "de adentro". Nada es inaceptable para escribirse. Si estás pensándolo o sintiéndolo, escríbelo. Tú estás siendo sincero y transparente contigo mismo.

4   No "edites" lo que escribas. No necesitas escribir en oraciones completas. No te preocupes por la ortografía. Tu anotación ni siquiera tiene que tener sentido. Pueden ser fotos, diagra- mas, garabatos, lo que sea necesario en el momento… para ti.

5   Si te preocupa el hecho de que alguien lea tu diario con tus sentimientos y pensamientos acerca de otras personas, usa las primeras iniciales de

sus nombres u otro símbolo que tú entiendas.

6　Guarda tu diario en un lugar seguro. Si estás escribiendo lo que está en tu mente y en tu corazón, cuídate a ti mismo, guardando tu diario. Comparte tu diario sólo cuando quieras, con quien quieras y con los propósitos que quieras.

7　Si no te da resultado, déjalo.

LAS HEREJÍAS SANTAS QUE LOS HP/HM A MENUDO DESARROLLAN

Haz tus marcas usando esta escala:

1= No verdadero en absoluto

2= Algo verdadero

3= Verdadero en su mayoría

4= Casi siempre verdadero

1 2 3 4	1) "Tengo que ser perfecto". Creo (o se me dijo) que "la imagen lo es todo".
1 2 3 4	2) "Ya debería yo saber". Creo que nací maduro y que ya debería saberlo.
1 2 3 4	3) "Estoy aquí para otros". Parece que mi trabajo es hacer a otras personas sentirse cómodas.
1 2 3 4	4) "Soy diferente". Parece que yo vivo con un conjunto de expectativas y reglas diferentes a las de los demás.
1 2 3 4	5) "No puedo confiar en nadie". Yo sé cómo

Tengo que ser perfecto

en realidad son las personas y las iglesias bajo la superficie y no confío en ellas.

1 2 3 4

6) "Yo puedo arruinar el ministerio de papá". Se me ha dicho esto o lo he sentido a menudo.

1 2 3 4

7) "Las necesidades de otras personas son más importantes que las mías". Siento que mis necesidades son menos importantes que las de otros.

1 2 3 4

8) "Estoy condenado si lo hago, y condenado si no lo hago". Creo que tengo que estar completamente a favor de todo o estoy en contra de todo.

1 2 3 4

9) "Dios está decepcionado de mí". No soy perfecto y siento que debería serlo. A veces siento cómo que Él me odia porque soy "malo".

FUERZAS DE IMPACTO EN LOS HP/HM

Como HP/HM, ha habido muchas fuerzas de impacto en tu vida. Por favor toma unos pocos minutos para repasar esas fuerzas de impacto (hasta esta fecha) según quepan dentro de las cuatro categorías principales que se encuentran al lado izquierdo. Asigna un porcentaje a cada una. Los cuatro números deben sumar a 100% abajo.

[ ] Familia	[ ] Lo bueno	[ ] Lo malo
[ ] Comunidad cristiana	[ ] Lo bueno	[ ] Lo malo
[ ] Cultura(s)	[ ] Lo bueno	[ ] Lo malo
[ ] Otras cosas	[ ] Lo bueno	[ ] Lo malo

100%

LAS COSAS DEMOGRÁFICAS

Marca uno: ___HP ___HM

Hijo de ayudante de iglesia ___

Edad: ___

Edad que tenías cuando tus padres comenzaron el ministerio: ___

Número de años como HP/HM ___ Femenino/Masculino ___ (marca uno)

Edad cuando dejaste tu hogar ___ o cuando tus padres dejaron el ministerio ___

Número de hermanos y hermanas ___

Tu lugar en el orden cronológico de nacimiento ___

¿Estás en el ministerio ahora? Sí___ No___

Envía tus respuestas de las Herejías santas y de las Fuerzas de impacto/ las cosas demográficas a:

Timothy L. Sanford, M.A.

5526 N. Academy Blvd., Suite 206

Colorado Springs, CO 80918

LISTA DE LECTURAS

Experiencing the Depths of Jesus Christ, Jeanne Guyon, The SeedSowers, 1975
   P.O. Box 285
   Sargent, GA 30275
   FAX: 770-254-1054
False Assumptions, Dr. Henry Cloud and Dr. John Townsend, Zondervan Publishing House, 1994

False Intimacy, Dr. Harry W. Schaumburd, NavPress, 1992

Growing Up Holy and Wholly, Donald E. Sloat, Wolgemuth & Hyatt, Publisher, Inc., 1990

Letters Never Sent, Ruth Van Reken, "Letters", 1998

Life Together, Dietrich Bonhoeffer, Harper & Row, 1954

Notes on How to Live in the World... And Still Be Happy, Hugh Prather, Doubleday, 1986

PK: Helping Preacher's Kids Through Their Identity Crisis, Cameron Lee, Zondervan Publishing House, 1992

Powerful Personalities, Tim Kimmel, Focus on the Family, 1993

Ragamuffin Gospel, Brennan Manning, Multnomah Books, 1990

Safe People, Dr. Henry Cloud and Dr. John Townsend, Zondervan Publising House, 1995

Safe Place, Stephen Arterburn, Frank Minirth and Paul Meier, Thomas Nelson, Inc., 1997

Search for Significance, Robert McGee, Rapha Publishing, Second Printing 1990

Second Row Piano Side, Chonda Pierce, Beacon Hill Press of Kansas City, 1996

Telling Yourself the Truth, William Backus and Marie Chapian, Bethany Fellowship, Inc., 1980

Last Photograph (novel), Stephen Bransford, Thomas Nelson Publishers, 1995

The Sacred Romance, Brent Curtis and John Eldredge, Thomas Nelson, Inc., 1997

The Wounded Healer, Henri J.M. Nouwen, Image Books, 1972

Toxic Faith, Stephen Arterburn and Jack Felton, Oliver-Nelson, 1991

When I Relax I Feel Guilty, Tim Hansel, David C. Cook Publishing Co., 1981

Why Christian Kids Leave Faith, Tom Bisset, Thomas Nelson Publishers, 1992

Tengo que ser perfecto

¡UN LIBRO LLENO DE
REVELACION PERSONAL Y SANIDAD!

"Cuando Tim presentó este material en la Primera Conferencia Anual de HP, el salón se sintió como si hubiera estado cargado de electricidad a medida que comenzaron los momentos "¡Ajá !" de reconocimiento. Tim no es sólo único sino revolucionario entre los HP/HM".

- Ruth Van Reken, Hija de misionero, segunda generación. Madre de tres hijos de misioneros y autora de Letters Never Sent.

"Por fin alguien ha escrito un libro que me ha ayudado a entender porqué soy como soy".
- Chonda Pierce, HP. Comediante/artista de grabación autora de *Second Row Piano Side.*

"En más de 25 años en el campo de la salud mental cristiana, nunca había visto los asuntos, las presiones y la dinámica de la familia tan claramente definidos. Los materiales en Tengo que ser perfecto seguramente traerán alivio y libertad a los HP conforme las mentiras y distorsiones sean expuestas y la verdad de Dios sea clarificada e internalizada a lo largo del proceso de sanidad".

- Peter H. Kuiper, M.S.W. Director de programa; Pueblo, CO. New Life Clinics.

"La información de este libro dio a mi esposo el 'punto de agarre' para finalmente entender sus más profundas heridas y emociones como hijo de pastor. La transformación que tuvo lugar en su vida se ha derramado en nuestro matrimonio, haciéndolo un lugar lleno de gozo y restauración que nunca antes habíamos conocido".

- Kim Wilson, esposa de HP anteriormente pastora de jóvenes.

www.ingramcontent.com/pod-product-compliance
Lightning Source LLC
Chambersburg PA
CBHW060939040426
42445CB00011B/925